JN426000

프랑스어권 학습자를 위한
일상 한국어 교재

J'aime le coréen!

Le coréen de tous les jours pour les francophones

나는 한국어가 좋아요!

By **Soyoung Yun-Roger**

Shinasa

저자약력

Soyoung Yun-Roger est docteur en Sciences du Langage à l'Université de Paris III-Sorbonne Nouvelle.
Elle a enseigné pendant plusieurs années à l'Université de Paris III, à l'Institut national des langues et civilisations orientales (INALCO), et au Ministère des affaires étrangères et européennes (MAEE).
Actuellement, elle enseigne dans plusieurs universités à Séoul.

J'aime le coréen!

SHINASA Publishing Co.
28-36 2F Nokbeon-Dong Eunpyung-Ku Seoul, Korea
Registered: 9-52 (January 5, 1956)
Tel : (02) 382-6411
Fax : (02) 382-6401
E-mail : shinasa@daum.net
Homepage : www.shinasa.co.kr

First published, October 2006
Second published, May 2012
Third published, October 2019

Price: ₩25,000
ISBN: 89-8396-553-3
copyright ⓒ 2006, Soyoung Yun-Roger

SOMMAIRE

AVANT-PROPOS

Ce manuel s'adresse à tous ceux qui désirent apprendre le coréen, qu'ils soient vrais ou faux débutants. Il a été conçu après plusieurs années d'enseignement du coréen auprès d'un public français, pour tenter de répondre aux besoins exprimés par les apprenants tout au long de ces années. Il devrait par conséquent convenir à tous ceux qui, comme eux, cherchent un manuel rédigé en français visant principalement l'acquisition d'une compétence orale - et qui soit de ce fait basé sur des dialogues réalistes, inspirés de situations de la vie quotidienne - sans que soit négligée pour autant la part réservée à la grammaire, dont la description doit être suffisamment approfondie pour qu'une parfaite assimilation en soit possible. C'est à cet équilibre entre expressions et grammaire, ainsi qu'à une bonne progressivité des leçons, qu'il a été porté une attention particulière.

D'autre part, s'il peut bien entendu être utilisé comme support de cours individuels ou collectifs, le manuel a également été conçu pour les auto-apprenants. Outre le support audio bilingue français et coréen, les annexes devraient leur être spécialement utiles. On y trouve en particulier la traduction des dialogues, le corrigé des exercices, et un lexique (français-coréen et coréen-français) rassemblant la totalité du vocabulaire introduit dans les leçons.

Le manuel est composé de 3 leçons préparatoires, de 10 leçons principales, et de quelques annexes. Les leçons préparatoires présentent de façon progressive les lettres et les sons coréens. Après un tour d'horizon rapide de quelques caractéristiques importantes de la langue coréenne, notamment en comparaison avec le français, on présente dans la première leçon préparatoire l'origine de l'alphabet coréen, appelé *Hangeul.* On passe dans la deuxième leçon à l'alphabet proprement dit, les voyelles, les consonnes, puis aux règles de formation des syllabes. La dernière leçon préparatoire est consacrée aux règles particulières de prononciation. Avant de passer aux leçons principales du manuel, les "vrais" débutants sont invités à passer autant de temps qu'il faut à ces leçons préparatoires, jusqu'à ce qu'ils se sentent suffisamment à l'aise avec la prononciation et l'écriture des lettres et des syllabes. Les faux débutants peuvent se contenter de lire la dernière leçon préparatoire consacrée aux règles particulières de prononciation, et de tester leurs connaissances au moyen des exercices qui closent ces leçons préparatoires.

La présentation des leçons préparatoires est l'occasion de commenter le choix que nous avons fait dans ce manuel de ne pas utiliser la translittération, ce système qui fixe conventionnellement une équivalence entre les lettres coréennes et les lettres latines, et qui permet d'écrire les mots coréens au moyen du système d'écriture occidental. La translittération est parfois employée dans les manuels pour s'affranchir de la barrière que constitue au début l'apprentissage d'un nouvel alphabet. Toutefois, le recueil de l'expérience des apprenants du coréen montre que si ce système est parfois jugé rassurant au début, il devient vite un frein à la progression, et que finalement, il gêne bien plus qu'il n'aide. Autant donc s'en débarrasser d'emblée, et faire l'effort qu'il faut au début pour bien assimiler les lettres du coréen, peu nombreuses au demeurant.

Les leçons préparatoires sont suivies de 10 leçons principales. Chacune d'elles commence par une présentation des principaux objectifs de la leçon. La leçon elle-même est composée d'un ensemble de dialogues, du vocabulaire utilisé dans les dialogues, d'explications relatives aux nouveaux points grammaticaux et aux nouvelles expressions, et enfin d'une série d'exercices permettant de tester ses connaissances. La traduction française des dialogues se trouve dans l'annexe, et pas dans la leçon même, afin d'inciter les lecteurs à faire l'effort de comprendre par eux-mêmes les dialogues coréens en se référant seulement au vocabulaire qui suit immédiatement les dialogues. Signalons également que la progression des leçons est relativement soutenue.

Enfin, les annexes, conçues pour aider au maximum les apprenants, regroupent des exercices de révision (qui peuvent aussi permettre une auto-évaluation rapide), un mémo grammatical, la traduction des dialogues, le corrigé des exercices, un index grammatical et un lexique coréen-français et français-coréen d'environ 800 mots.

Faisons maintenant connaissance avec les personnages des dialogues. La plupart des dialogues sont construits autour de deux personnages principaux, 에릭 (Eric) et 미애 (Miae), âgés de 25-30 ans.

미애 (Miae) : personnage principal, coréenne, salariée.

에릭 (Eric) : personnage principal, français, vit en Corée. Il aime bien Miae.

지선 (Jiseon) : collègue et amie de Miae. Dans la première leçon, Eric et Miae se rencontrent grâce à Jiseon.

Enfin, je voudrais terminer cet avant-propos par un sincère remerciement à tous ceux qui ont contribué à l'élaboration de ce livre: Jiyoung Yun, qui a embelli ce manuel par ses illustrations, Miae Park et Taelim Lee, qui ont volontiers prêté leur voix pour l'enregistrement du support audio, ainsi que l'ingénieur du son Romain Pasquier, grâce à qui cet enregistrement a pu être réalisé.
Mes remerciements vont également à M. Hyeon-girl Jeong, président de l'édition Shinasa, qui a approuvé le projet de publication de ce livre avec confiance et enthousiasme.
Enfin, je salue tous mes anciens et actuels étudiants de coréen, et aussi tous ceux qui vont bientôt nous joindre dans l'étude de cette langue. J'espère que ce manuel leur sera utile et les accompagnera de façon agréable tout au long de leur apprentissage.

Remarques générales sur la langue coréenne

Le coréen est pour beaucoup de francophones une langue relativement inconnue et exotique. Elle est d'autant plus difficile d'accès pour cette raison à un francophone, comparée à d'autres langues romanes familières comme l'italien. Avant de démarrer l'apprentissage de cette langue, il nous semble donc utile de présenter un rapide panorama général de la langue coréenne, en comparaison au français principalement.
Les caractéristiques exposées ci-dessous ne sont bien sûr pas exhaustives, mais annoncent des points grammaticaux qui seront abordés dans les leçons de ce livre.

Tout d'abord, une bonne nouvelle, le coréen est une langue alphabétique. Inutile donc d'apprendre des milliers d'idéogrammes, même s'il est vrai que certains caractères chinois sont utilisés, dans les journaux par exemple. Après quelques heures d'effort passées à apprendre cet alphabet, les règles de formation des syllabes et quelques règles de prononciation, vous serez vite récompensé car vous devriez rapidement pouvoir lire un texte en coréen!

Passons en revue quelques différences importantes entre le français et le coréen.

Concernant l'ordre des mots, lorsqu'une phrase ne contient qu'un sujet et un verbe, l'ordre en coréen est le même qu'en français, soit "Sujet-Verbe". Mais lorsque la phrase contient un "objet" (au sens large: direct, indirect, complément circonstanciel, etc.), l'ordre en coréen est "Sujet-Objet-Verbe", à la différence du français. Dans une phrase coréenne, le verbe est toujours à la fin.
Quand on descend au niveau des syntagmes (i.e. des groupes de mots, comme par exemple *une petite fille*, ou *partir tôt*), très souvent, l'ordre des mots en coréen est systématiquement inversé par rapport à l'ordre des mots en français.

Quelques exemples:

1) Les prépositions françaises (*à, dans, vers, en, ...*) deviennent des "postpositions" en coréen, c'est-à-dire qu'elles se positionnent *après* un élément nominal, et non avant. Par exemple, on dit "Paris vers", en coréen, et non "*vers Paris*", ou encore "6h à" et non "*à 6h*".
2) Si en français, l'ordre le plus fréquent est "Modifié + Modifieur", en coréen, l'ordre correct est "Modifieur + Modifié". Par exemple, on dit "intelligent étudiant" en coréen, et non "*étudiant intelligent*" comme en français, ou encore "Eric de voiture" pour "*voiture d'Eric*".

Listons maintenant quelques tracas dont le coréen est exempt !
Il n'y a pas d'article en coréen ; les articles définis et indéfinis du français (*le, la, les, un, une, des*) n'ont pas d'équivalent en coréen. Il n'y a pas non plus de genre. De ce fait, il n'y a bien sûr pas d'accord en genre (masculin, féminin). Il n'y a pas plus d'accord en nombre (singulier, pluriel), ni même de conjugaison dépendant de la personne (1ère, 2ème et 3ème personnes), ni de problème de concordance des temps.

Un exemple:
1) en français: *La nouvelle chaise est arrivée.*
   en coréen: "nouveau chaise arriver+[marque du passé]"
2) en français: *Les nouvelles chaises sont arrivées.*
   en coréen: "nouveau chaise+[marque de pluriel] arriver+[marque du passé]"

Notez la complexité du français où tous les constituants de la phrase 2 sont modifiés en raison des règles d'accord, alors qu'en coréen, seul le nom est modifié par une marque de pluriel. Ajoutons qu'en outre, cette marque de pluriel est en général optionnelle en coréen: on peut la supprimer (les phrases 1 et 2 sont alors strictement identiques en coréen!), et la pluralité des chaises peut très bien être implicite, ou fixée par le contexte.

Passons maintenant à quelques spécificités du coréen que l'on ne retrouve pas en français, ou de moindre complexité en français.

1) A la différence du français, le coréen emploie toute une série de "particules" ou "suffixes" (parfois optionnels pour certains) pour marquer les fonctions de sujet, d'objet, de possession, de complément de temps, de lieu, etc. Par exemple, en coréen, on dit "chien+[particule de sujet] os+[particule d'objet] manger+[marque de présent]" pour "*le chien mange un os*".
2) En coréen, on distingue au moins trois niveaux de langage, le style familier, le style poli informel, et le style poli formel. Selon le niveau de langage choisi, les terminaisons verbales changent. Par exemple, pour dire "il neige", on n'emploiera pas la même terminaison verbale selon que l'on s'adresse à un enfant (style familier), à un collègue (style poli informel) ou à son patron (style poli formel).
   D'autre part, il y a une sorte d'accord honorifique entre le sujet de la phrase et le verbe. Lorsque le sujet de la phrase est quelqu'un "d'honorable", on attache une marque honorifique au radical verbal. Par exemple, pour dire "mon père vient", on attache cette marque au radical du verbe "venir", mais on ne l'attache pas lorsqu'on dit "mon petit frère vient".

3) Compter des objets ou des personnes en coréen est relativement complexe, car pour pouvoir compter, on doit utiliser un "classificateur" approprié pour chaque nom. Par exemple, pour compter des personnes, on emploie un classificateur "humain", et pour compter des animaux, le classificateur "animal". On dit par exemple "homme trois unité-homme" pour "*trois hommes*", et "chien trois unité-animal" pour "*trois chiens*".
Les numéraux eux-mêmes sont compliqués en coréen, dans la mesure où l'on utilise deux systèmes de numéraux, l'un coréen, et l'autre sino-coréen. Leur usage est complémentaire, et chaque fois, on doit apprendre quel type de numéral utiliser dans quel contexte.
4) A la différence du français, dans une phrase coréenne, on omet souvent le sujet ou l'objet, surtout à l'oral. De ce fait, même un verbe seul peut constituer une phrase. Par exemple, là où on dit en français "*je l'ai vu*", en coréen, on peut se contenter de dire "voir+[marque du passé]", à condition bien sûr que le contexte permette d'identifier le sujet et l'objet. L'omission du sujet et de l'objet est également lié à l'usage très limité des pronoms en coréen.
Cette possibilité d'omettre le sujet en coréen nous amène à une remarque concernant la traduction des phrases à sujet implicite: en l'absence de contexte, nous traduirons ces phrases sans sujet explicite à l'aide du pronom à la troisième personne du masculin singulier "il" ; il faut bien comprendre qu'il s'agit d'une traduction par défaut et que cette traduction n'est pas la seule possible: le sujet peut être "ils", "elle", "nous", etc.

Après ce rapide tour d'horizon, passons à l'alphabet coréen !

HANGEUL 1

Brève histoire du Hangeul, l'alphabet coréen

L'alphabet coréen s'appelle le *Hangeul* (qu'on écrit aussi *Hangul*). Le *Hangeul* a été inventé en 1443, sur l'ordre du roi Sejong, le 4ème roi de la dynastie Joseon (1392-1910), par les savants de l'Académie royale *Jiphyeonjeon*.

Avant l'invention du *Hangeul*, les coréens écrivaient soit en chinois, soit en *idu* (un système complexe, difficile à apprendre et à utiliser, dans lequel on emprunte des caractères chinois pour représenter des sons coréens). Le Roi Sejong voulait que le peuple coréen possède un système d'écriture qui soit facile d'accès pour tous et qui, en même temps, corresponde mieux à la langue parlée coréenne.

L'alphabet coréen n'est basé sur aucun autre système d'écriture déjà existant, mais est fabriqué de façon originale suivant un procédé cohérent. Comme en français, chaque lettre de l'alphabet coréen représente un son (phonème). Les voyelles coréennes sont formées en combinant les trois composantes de l'univers selon le confucianisme (le confucianisme était l'idéologie d'Etat à l'époque), à savoir, le Ciel (• , représente la forme circulaire de la voûte céleste), la Terre (—) et l'Homme (ㅣ). En revanche, les consonnes coréennes ont été conçues de telle sorte que leur forme reflète la manière de les prononcer (la position de la langue, la forme dc la bouche, etc.).

A l'origine, l'alphabet coréen comptait 28 lettres (11 voyelles et 17 consonnes). A présent, en coréen moderne, on compte 40 lettres (19 consonnes et 21 voyelles).

HANGEUL 2

l'Alphabet coréen (Hangeul)

Voici une vision d'ensemble des 40 lettres du coréen moderne (il n'y a pas de distinction entre majuscules et minuscules en coréen).

21 voyelles:

ㅏ ㅓ ㅗ ㅜ ㅡ ㅣ ㅐ ㅔ
ㅑ ㅕ ㅛ ㅠ ㅒ ㅖ
ㅘ ㅙ ㅚ ㅝ ㅞ ㅟ ㅢ

19 consonnes:

ㄱ ㄴ ㄷ ㄹ ㅁ ㅂ ㅅ ㅇ ㅈ ㅊ ㅋ ㅌ ㅍ ㅎ
ㄲ ㄸ ㅃ ㅆ ㅉ

Nous allons les présenter en détail dans l'ordre suivant:
A. les voyelles,
B. les consonnes,
C. la construction des syllabes.

A. LES VOYELLES

Par souci de simplicité, nous présentons les voyelles en deux étapes, les voyelles simples puis les voyelles complexes. Il s'agit d'une distinction phonétique: les voyelles dites "simples" correspondent à des sons simples, et les voyelles dites "complexes" à des diphtongues.

a) les voyelles simples

Il y a en tout 8 voyelles simples: ㅏ ㅓ ㅗ ㅜ ㅡ ㅣ ㅐ ㅔ

Ces voyelles sont formées des trois composantes de l'univers selon le confucianisme, le Ciel (•), la Terre (—) et l'Homme (ㅣ).
Les téléphones portables coréens exploitent d'ailleurs cette logique de formation pour composer les voyelles dans un SMS (le point (•) est utilisé pour le trait court horizontal ou vertical des

voyelles, i.e. ㅣ + • → ㅏ, ㅡ + • → ㅜ, etc.)

Voici la valeur phonétique approximative de chaque voyelle, donnée à l'aide d'un mot français contenant le son le plus proche de la voyelle coréenne en question. Le son qui nous intéresse est mis en caractères bleu.

Correspondance approximative à des sons français

ㅏ	**a**	comme g**â**teau	(similaire au 'â' français)
ㅓ	**o**	comme **o**r	(plus ouvert que le 'o' ouvert français)
ㅗ	**ô**	comme **eau**	(similaire au 'o' fermé français)
ㅜ	**ou**	comme l**ou**p	(similaire au 'ou' français)
ㅡ	**eu**	comme h**eu**reux	(similaire au 'eu' français, mais les lèvres beaucoup plus étirées)
ㅣ	**i**	comme **I**sabelle	(similaire au 'i' français)
ㅐ	**è**	comme gr**è**ve	(similaire au 'è' ouvert français)
ㅔ	**é**	comme cl**é**	(similaire au 'é' fermé français)

Remarques:

1) La plupart des coréens prononcent ㅐ et ㅔ de la même façon. Autant il est possible de prononcer ㅐ et ㅔ de la même façon, autant il faut veiller à bien distinguer la prononciation de ㅓ (très ouvert) et de ㅗ (très fermé).

2) Toutes les voyelles dites "simples" (du point de vue phonétique) ne le sont pas d'un point de vue orthographique: ㅐ et ㅔ résultent en effet d'une combinaison orthographique de ㅏ et ㅣ pour ㅐ, et d'une combinaison de ㅓ et de ㅣ pour ㅔ.

Maintenant, vous avez une certaine idée de la prononciation de ces 8 voyelles. Mais les équivalents ci-dessus ne sont que des approximations phonétiques. Pour bien reconnaître les voyelles, et bien acquérir les bonnes prononciations, vous êtes invité à écouter attentivement la prononciation de ces voyelles enregistrées par des locuteurs natifs. Et répétez-les, à haute voix, plusieurs fois.

Ecoute **[plage1]** ㅏ ㅓ ㅗ ㅜ ㅡ ㅣ ㅐ ㅔ

Ordre d'écriture

Voyons maintenant comment on écrit ces voyelles. Connaître l'ordre correct d'écriture des différents traits composant les lettres est important, car cela vous aidera en particulier à mieux reconnaître les caractères écrits dans les manuscrits, et à améliorer votre propre style d'écriture.

Le tracé des lettres (pas seulement des voyelles simples, mais de toutes les lettres) obéit à deux principes.
Règle 1: on écrit de gauche à droite.
Règle 2: on écrit de haut en bas.

Avant d'appliquer les deux règles générales d'écriture aux voyelles simples qu'on vient d'apprendre, il convient de distinguer, par commodité, deux types de voyelles, les voyelles "verticales" et les voyelles "horizontales".

Voyelles verticales:

Parmi les voyelles simples, ㅏ, ㅓ, ㅣ, ㅐ et ㅔ sont des voyelles "verticales". Les voyelles verticales possèdent un trait vertical (ou deux) beaucoup plus long que les autres traits. En fait, ces voyelles sont formées sur la base de la voyelle " ㅣ ".
On écrit ces voyelles verticales dans l'ordre spécifié par la règle d'écriture 1: de gauche à droite (l'écriture de chaque trait obéissant aux 2 règles d'écriture).
Par exemple, pour écrire la voyelle ㅐ, on procède de gauche à droite: on écrit d'abord le premier trait long vertical (celui de gauche, de haut en bas), puis le trait court horizontal (de gauche à droite), et enfin le deuxième trait long vertical (celui de droite, de haut en bas).

Voyelles horizontales:

Parmi les voyelles simples, ㅗ, ㅜ et ㅡ sont des voyelles "horizontales". Les voyelles horizontales possèdent un trait horizontal prédominant, plus long. Elles sont formées sur la base de la voyelle "ㅡ".
On écrit ces voyelles horizontales dans l'ordre spécifié par la règle d'écriture 2: de haut en bas (l'écriture de chaque trait obéissant aux 2 règles d'écriture).
Par exemple, pour écrire la voyelle ㅗ, on procède de haut en bas: on écrit d'abord le trait court vertical (de haut en bas), puis le trait long horizontal (de gauche à droite).
Pour ㅜ, on écrit d'abord le trait long horizontal (de gauche à droite), puis le trait court vertical (de haut en bas).

b) les voyelles complexes (ou diphtongues)

Il y a en tout 13 voyelles complexes, ou diphtongues.
Si l'on met de côté la voyelle complexe ㅢ, les autres voyelles complexes peuvent être regroupées en deux catégories, les "voyelles-Y" et les "voyelles-W".

La diphtongue ㅢ:

Formation:

ㅡ + ㅣ → ㅢ

Correspondance approximative à des sons français:

ㅢ	eui	comme seuil	(mais les lèvres beaucoup plus étirées)

Ecoute [plage1] ㅢ

Remarque:

1) Pour prononcer ㅢ, on passe très rapidement du son ㅡ (eu) au son ㅣ (i), en étirant bien les lèvres. Sa prononciation est difficile, même pour les coréens. De ce fait, selon plusieurs facteurs (dont la position d'apparition de cette voyelle), ㅢ peut se prononcer comme ㅣ (i), ㅡ(eu) ou ㅔ (é).

Les "voyelles-Y":

Elles impliquent la valeur phonique de la semi-voyelle [y].

On a 6 voyelles-Y: ㅑ ㅕ ㅛ ㅠ ㅒ ㅖ

Correspondance approximative à des sons français:

ㅑ	**ya**	comme **Ya**nnick	
ㅕ	**yo**	comme **yo**le	(un peu plus ouvert qu'en français)
ㅛ	**yô**	comme **yo**-yo	
ㅠ	**you**	comme **you**pi	
ㅒ	**yè**	comme h**yè**ne	
ㅖ	**yé**	comme **yé**ti	

Remarque:

De la même manière que pour ㅐ et ㅔ, on peut prononcer ㅒ et ㅖ de la même façon.

Ecoute [plage1] ㅑ ㅕ ㅛ ㅠ ㅒ ㅖ

Formation des voyelles-Y:

Les voyelles-Y sont formées de la combinaison d'une voyelle simple avec la voyelle ㅣ [i] du coréen:

ㅣ + ㅏ → ㅑ
ㅣ + ㅓ → ㅕ
ㅣ + ㅗ → ㅛ
ㅣ + ㅜ → ㅠ
ㅣ + ㅐ → ㅒ
ㅣ + ㅔ → ㅖ

Les "voyelles-W":

Elles impliquent la valeur phonique de la semi-voyelle [w].

On a 6 voyelles-W: ㅘ ㅙ ㅚ ㅝ ㅞ ㅟ

Correspondance approximative à des sons français:

ㅘ	**wa**	comme **oi**seau
ㅙ	**wè**	comme **ouais**
ㅚ	**wé**	comme b**ouée**
ㅝ	**wo**	comme **wo**lof
ㅞ	**wé**	comme b**ouée**
ㅟ	**wi**	comme **oui**

Remarque:

En coréen moderne standard, on peut prononcer ㅙ, ㅞ et ㅚ de la même façon.

Ecoute [plage1] ㅘ ㅙ ㅚ ㅝ ㅞ ㅟ

Formation des voyelles-W:

Les voyelles-W sont formées de la combinaison d'une voyelle simple avec la voyelle "ㅗ" ou "ㅜ" du coréen:

ㅗ + ㅏ → ㅘ
ㅗ + ㅐ → ㅙ
ㅗ + ㅣ → ㅚ
ㅜ + ㅓ → ㅝ
ㅜ + ㅔ → ㅞ
ㅜ + ㅣ → ㅟ

c) Récapitulatif de toutes les voyelles

Pour vous aider à mieux mémoriser les voyelles du coréen, voici un récapitulatif de toutes les voyelles et leur prononciation:

[plage1]

voyelle	prononciation
ㅏ	a
ㅑ	ya
ㅓ	o
ㅕ	yo
ㅗ	ô
ㅛ	yô
ㅜ	ou
ㅠ	you
ㅡ	eu
ㅣ	i
ㅐ	è
ㅒ	yè
ㅔ	é
ㅖ	yé
ㅘ	wa
ㅙ	wè
ㅚ	wé
ㅝ	wo
ㅞ	wé
ㅟ	wi
ㅢ	eui

B. LES CONSONNES

On a 19 consonnes en coréen. Par souci de simplicité, nous présentons les consonnes en deux étapes, les consonnes simples puis les consonnes doubles.

a) les consonnes simples

Il y a en tout 14 consonnes simples:

ㄱ ㄴ ㄷ ㄹ ㅁ ㅂ ㅅ ㅇ ㅈ ㅊ ㅋ ㅌ ㅍ ㅎ

Correspondance approximative à des sons français:

A l'école, les enfants apprennent les 14 consonnes simples avec la voyelle "a".
"ga", "na", "da", "la", "ma", "ba", "sa", "a", "dja", "tch, "k^{h}a", "t^{h}a", "p^{h}a", "ha".

[plage2]

ㄱ	**g**	comme **g**âteau
ㄴ	**n**	comme **n**avire
ㄷ	**d**	comme **D**aniel
ㄹ	**l**	comme **l**iberté
ㅁ	**m**	comme **m**aman
ㅂ	**b**	comme **b**ateau
ㅅ	**s**	comme **S**ophie
ㅇ	**ng**	comme di**ng** dong (ou bien, consonne muette)
ㅈ	**dj**	comme **j**eans
ㅊ	**tch**	comme **tch**èque
ㅋ	**k^h**	comme **c**hronique (approximatif), <u>K</u>orea (anglais)
ㅌ	**t^h**	comme **t**rottoir (approximatif), <u>t</u>ake (anglais)
ㅍ	**p^h**	comme **p**roche (approximatif), <u>p</u>in (anglais)
ㅎ	**h**	comme **h**ouse (anglais)

Remarque:

1) Attention, certaines consonnes se prononcent sensiblement différemment selon leur position d'apparition au sein d'une structure syllabique ou dans une chaîne parlée. Ces modifications phonétiques, parfois très importantes, sont présentées dans le chapitre suivant, sous la rubrique "règles de prononciation".
Par exemple, si les consonnes ㄱ, ㄷ, ㅂ se prononcent respectivement [g], [d] et [b] lorsqu'elles sont entre deux voyelles, elles se prononcent plutôt [k], [t] et [p] lorsqu'elles sont suivies d'une consonne, ou en position finale d'un mot.

2) La lettre ㄹ a en fait deux prononciations, [l] et [r]. ㄹ se prononce [r] quand il est entre deux voyelles et [l] quand il est suivi d'une consonne ou en position finale. Attention, le son [r] est proche du "r" italien ou espagnol, et pas du "r" français.

3) Les consonnes "aspirées" ㅊ ㅋ ㅌ ㅍ ㅎ se prononcent avec une très forte expulsion d'air. Pour aider à la prononciation des consonnes ㅋ, ㅌ et ㅍ, imaginez qu'il y a un "r" derrière "k", "t" et "p".

4) Lorsqu'elle est suivie de la voyelle [i], la consonne ㅅ ne se prononce pas [s], mais [ʃ], comme "ch" dans "chien".

5) La lettre ㅇ se prononce [ng] (en "avalant" le son "g", qui ne doit pas s'entendre) en position finale d'une syllabe, mais elle est muette en position initiale d'une syllabe.

b) les consonnes doubles

Il y a en tout 5 consonnes doubles: ㄲ ㄸ ㅃ ㅆ ㅉ

Parmi les 14 consonnes simples (ㄱ ㄴ ㄷ ㄹ ㅁ ㅂ ㅅ ㅇ ㅈ ㅊ ㅋ ㅌ ㅍ ㅎ), les 5 consonnes ㄱ, ㄷ, ㅂ, ㅅ et ㅈ donnent lieu à la formation de consonnes doubles.

Correspondance approximative à des sons français:

[plage2]

ㄲ	**k**	comme **c**amion
ㄸ	**t**	comme **t**ableau
ㅃ	**p**	comme **P**aris
ㅆ	**s**	comme **s**alut
ㅉ	**tz**	comme **tz**igane

Les consonnes doubles ㄲ, ㄸ, ㅃ, ㅆ, ㅉ se prononcent de façon très dure, d'abord en maintenant la bouche très tendue, et puis en relâchant soudainement le son, sans qu'il y ait de forte expiration d'air.
Notons encore une fois que selon leur position d'apparition au sein d'une syllabe ou d'une chaîne parlée, la prononciation de ces consonnes doubles peut changer de façon importante, comme vous le verrez dans le chapitre suivant, dans la rubrique "règles de prononciation".

c) Récapitulatif de toutes les consonnes

Pour vous aider à mieux mémoriser les consonnes du coréen, voici un récapitulatif de toutes les consonnes et leur prononciation (simplifiée, i.e. telle qu'on l'apprend à l'école quand on récite l'alphabet):

[plage2]

consonne	prononciation (simplifiée)
ㄱ	**ga**
ㄴ	**na**
ㄷ	**da**
ㄹ	**la**
ㅁ	**ma**

ㅂ **ba**

ㅅ **sa**

ㅇ **a** (consonne muette, ou [ng])

ㅈ **dja**

ㅊ **tcha**

ㅋ **k^ha**

ㅌ **t^ha**

ㅍ **p^ha**

ㅎ **ha**

ㄲ **ka**

ㄸ **ta**

ㅃ **pa**

ㅆ **sa**

ㅉ **tza**

d) écriture des consonnes

Comme les voyelles, les consonnes s'écrivent de gauche à droite et de haut en bas.

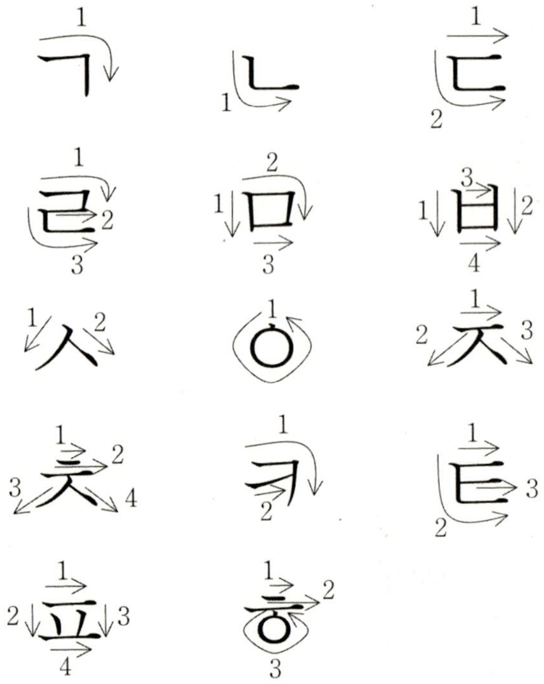

Pour les consonnes doubles ㄲ, ㄸ, ㅃ, ㅆ, ㅉ, il suffit d'écrire successivement (de gauche à droite) chacune des deux consonnes simples.

e) Tableau récapitulatif de toutes les consonnes

Pour vous aider à mieux mémoriser les consonnes du coréen, voici à nouveau un récapitulatif, organisé différemment du précédent: le tableau rassemble toutes les consonnes et leur prononciation (simplifiée), selon la logique de leur formation.

consonnes simples (non aspirées)		consonnes doubles		consonnes simples (aspirées)	
consonnes	prononciation	consonnes	prononciation	consonnes	prononciation
ㄱ	g	ㄲ	k	ㅋ	k^h
ㄴ	n				
ㄷ	d	ㄸ	t	ㅌ	t^h
ㄹ	l				
ㅁ	m				
ㅂ	b	ㅃ	p	ㅍ	p^h
ㅅ	s	ㅆ	s		
ㅇ	ng			ㅎ	h
ㅈ	dj	ㅉ	tz	ㅊ	tch

Ajoutons que les consonnes ont chacune un nom en coréen; vous pouvez les consulter dans le mémo grammatical en annexe.

C. LES SYLLABES

Le coréen n'est pas une langue linéaire comme le français, mais une langue syllabique: les lettres en coréen s'écrivent de sorte qu'une syllabe forme un bloc. Si par exemple, une syllabe contient une voyelle (V) et deux consonnes (C) dans l'ordre CVC, en coréen, ces trois lettres doivent s'arranger harmonieusement dans un carré syllabique imaginaire.

Prenons l'exemple de la suite de lettres "s" , "a", et "c" en français, et ㅅ, ㅏ et ㄱ en coréen ; une syllabe formée de ces trois lettres en français s'écrit linéairement sac, alors qu'en coréen, les lettres se combinent de la façon suivante (le carré en pointillés n'est là que pour illustrer le carré imaginaire dans lequel se placent les lettres de la syllabe):

삭

Avant de passer aux règles de formation des syllabes, précisons qu'en coréen, à l'écrit, une voyelle ne peut apparaître seule sans être précédée d'une consonne, et inversement, une consonne ne peut apparaître seule sans être accompagnée d'une voyelle (par soucis d'harmonie, selon les principes du Yin-Yang).

C'est pourquoi, à l'écrit, quand une syllabe commence (phonétiquement) par une voyelle, celle-ci doit obligatoirement être précédée d'une consonne muette, la consonne ㅇ, pour former avec elle une syllabe. Ainsi, la syllabe qui se prononce [a] ne s'écrit pas simplement ㅏ mais 아 (notez que si la consonne ㅇ est muette en position initiale de syllabe, en position finale, ㅇ se prononce bien "ng", comme on l'a vu plus haut).

Autre conséquence du fait que les consonnes et les voyelles ne peuvent apparaître seules: il est impossible en coréen d'avoir des abbréviations constituées de la première lettre de chaque mot, comme SNCF ou RATP! Pour former des abbréviations, on utilise la première syllabe de chaque mot.

Ecriture des syllabes

La distinction que l'on a fait entre les voyelles verticales et horizontales va se révéler bien utile pour comprendre la construction des syllabes (= pour remplir correctement le carré syllabique imaginaire).

Classons donc les voyelles en trois catégories, les voyelles verticales, les voyelles horizontales, et les voyelles complexes, formées d'une voyelle verticale et d'une voyelle horizontale.

En coréen (écrit), il existe deux structures syllabiques de base, les syllabes composées d'une consonne et d'une voyelle (syllabe CV), et les syllabes composées d'une voyelle encadrée par deux consonnes (syllabe CVC).

Nous allons voir que chacune de ces deux structures de base comporte trois variantes, selon que la syllabe contient une voyelle horizontale, une voyelle verticale ou bien une voyelle complexe formée d'une voyelle horizontale et d'une verticale.

Syllabes CV

a) Voyelles verticales:

Récapitulons toutes les voyelles verticales:

ㅏ ㅓ ㅣ ㅐ ㅔ ㅑ ㅕ ㅒ ㅖ

Quand une consonne se combine avec une voyelle verticale pour former une syllabe, la consonne se positionne à gauche de la voyelle, à l'intérieur d'un carré imaginaire:

CV 가 너 이 대 벼 etc.

Remarque: comme on peut le voir ici avec la syllabe 가 (ga), devant une voyelle, le trait vertical de la consonne ㄱ devient oblique.

b) Voyelles horizontales:

Récapitulons toutes les voyelles horizontales:

ㅗ ㅜ ㅡ ㅛ ㅠ

Quand une consonne se combine avec une voyelle horizontale pour former une syllabe, la consonne se positionne au-dessus de la voyelle, à l'intérieur d'un carré imaginaire:

C
V　　　　고 무 스 죠 유 etc.

c) Voyelles complexes, composées d'une voyelle verticale et d'une voyelle horizontale:

Récapitulons toutes les voyelles complexes, composées d'une voyelle verticale et d'une voyelle horizontale:

ㅘ ㅙ ㅚ ㅝ ㅞ ㅟ ㅢ

Quand une consonne se combine avec une voyelle complexe formée d'une voyelle verticale et d'une voyelle horizontale pour former une syllabe, la consonne se positionne à la fois à gauche de la voyelle verticale, et au-dessus de la voyelle horizontale, à l'intérieur d'un carré imaginaire:

C V
V　　　　과 뭐 왜 회 쥐 의 etc.

Syllabes CVC

Dans une syllabe CVC, nous appelerons la première consonne "consonne initiale", et la seconde "consonne finale". En coréen, on donne un nom spécifique à la consonne finale d'une syllabe: "Bat-Tchim" 받침.

a) Voyelles verticales:

La consonne finale se place en-dessous de la séquence CV

C V　　　　가 + ㅇ → 강
C

b) Voyelles horizontales:

La consonne finale se place en-dessous de la séquence C
V

C
V　　　고 + ㅇ → 공
C

c) **Voyelles complexes, composées d'une voyelle verticale et d'une voyelle horizontale:**

La consonne finale se place en-dessous de la séquence C V
V

C V
V　　　과 + ㅇ → 광
C

Bref, la consonne finale s'écrit toujours sous le groupe "consonne initiale+voyelle".
Equilibre de l'écriture: dans les trois cas ci-dessus, la consonne finale se positionne à peu près au milieu du groupe "consonne initiale+voyelle" ; dans les cas (a) et (c), on peut aussi placer la consonne finale légèrement décalée vers la droite.

Tableau synthétique de la forme des syllabes

Linéairement	Voyelle	Exemples
CV	verticale	가, 더, 려, 야, 네, 해, 시, etc.
	horizontale	고, 효, 수, 유, 드, 코, 쇼, etc.
	verticale+horizontale	과, 워, 쇠, 뒤, 돼, 췌, 의, etc.
CVC	verticale	강, 덜, 냑, 넷, 헬, 짖, 팔, etc.
	horizontale	곰, 숲, 만, 윷, 콩, 총, 눈, etc.
	verticale+horizontale	광, 월, 쉿, 된, 왕, 권, 횟, etc.

HANGEUL 3

Règles de prononciation

Vous avez appris la valeur phonique de chaque lettre dans la précédente leçon. Dans cette leçon, nous allons vous montrer que, selon leur position, certaines lettres du coréen peuvent se prononcer parfois sensiblement différemment, comme c'est le cas pour le français d'ailleurs.
De ce fait, la connaissance des 8 règles de prononciation présentées plus bas vous sera nécessaire pour prononcer correctement ce que vous lirez (ces règles ne sont pas exhaustives, mais ce sont les plus importantes). Tout ceci vous paraîtra peut-être un peu technique et rébarbatif ; dans ce cas, vous pouvez vous contenter d'une première lecture, puis revenir à cette leçon ultérieurement, quand vous vous sentirez plus à l'aise.

Nous allons présenter les 8 règles de prononciation suivantes:
1. Prononciation des consonnes finales 받침
2. Liaison
3. Palatalisation
4. Nasalisation
5. Durcissement
6. Aspiration
7. Latéralisation
8. Prononciation des groupes de consonnes finales

On utilisera des crochets pour noter la prononciation des mots: [질리] représente la prononciation du mot 진리.

1. Prononciation des Consonnes Finales 받침

Dans une syllabe du type Consonne-Voyelle-Consonne, la seconde consonne (qui ferme la syllabe) s'appelle "consonne finale", et la première consonne (qui ouvre la syllabe) "consonne initiale". La majorité des consonnes du coréen se prononcent différemment en positions initiale et finale d'une syllabe.

On peut classer les consonnes du coréen en trois groupes.
a) Les consonnes qui ne peuvent jamais apparaître en position finale: pour ces consonnes, la

question de leur prononciation en position finale ne se pose même pas. Ce sont les trois consonnes doubles ㄸ, ㅃ, et ㅉ.

b) Les consonnes qui, en position finale, se prononcent comme en position initiale (ou de manière très proche): ㄴ, ㄹ et ㅁ (qui se prononcent respectivement [ㄴ], [ㄹ], [ㅁ]).
Exemples: 난 se prononce [난], 살 se prononce [살], 밤 se prononce [밤].

c) Les consonnes qui, en position finale, se prononcent différemment d'en position initiale:
ㄱ, ㄷ, ㅂ, ㅅ, ㅈ, ㅊ, ㅋ, ㅌ, ㅍ, ㅎ, ㄲ, ㅆ.

C'est ce dernier cas qui nous intéresse ici. Dans la précédente leçon, vous avez appris la prononciation de ces consonnes en position *initiale*.
Voici leur prononciation en position finale:

ㄱ, ㄲ, ㅋ	se prononcent ['k' de façon implosive]
ㅂ, ㅍ	se prononcent ['p' de façon implosive]
ㄷ, ㅌ, ㅅ, ㅆ, ㅈ, ㅊ, ㅎ	se prononcent ['t' de façon implosive]

En position finale, la prononciation de ces consonnes est "implosive", ce qui signifie qu'elle se fait sans expulsion d'air (comme si on voulait retenir ou avaler la consonne), contrairement aux consonnes occlusives françaises "k", "p", "t", par exemple, qui se prononcent de façon "explosives", c'est-à-dire avec une expulsion d'air. Attention, la notation coréenne pour représenter les sons 'k', 'p' et 't' implosifs est [ㄱ] [ㅂ] [ㄷ], la même que pour représenter les sons 'g', 'b', 'd' non implosifs des consonnes initiales ㄱ, ㅂ et ㄷ.

Exemples:

석, 섞 et 섴*	se prononcent tous les trois [석]
입 et 잎	se prononcent tous les deux [입]
닫, 닽, 닷, 닸, 닺, 닻 et 닿	se prononcent tous [닫]

*Note: la syllabe 섴 n'existe dans aucun mot coréen. Les possibilités combinatoires entre consonnes et voyelles ne sont en effet pas toutes utilisées en coréen ; la syllabe 섴 fait partie de ces combinaisons impossibles ; elle a simplement été utilisée ici afin d'illustrer la prononciation de la lettre "ㅋ" en position finale. Cette remarque est également valable pour les syllabes닽, 닸, et 닺.

Autres exemples:
깎다 [깍-], 부엌 [-억], 숲 [숩], 붙들다 [붇-], 옷 [옫], 있다 [읻], 찾다 [찯], 숯 [숟], 쌓다 [싿], etc.

Pour être complet, il faut mentionner enfin le cas particulier de la lettre ㅇ, qui se prononce [ㅇ] ("ng" comme dans "parking", en "avalant" le son "g") en position finale, mais qui ne se prononce pas en position initiale (consonne muette).

Ainsi, comme on vient de le voir, toutes les consonnes, simples ou complexes, excepté ㄸ, ㅃ et ㅉ, peuvent occuper la position finale d'une syllabe, mais il n'y a que sept sons qui se prononcent réellement dans cette position, [ㄱ], [ㅂ], [ㄷ], [ㄴ], [ㄹ], [ㅁ] et [ㅇ], comme l'illustre le tableau synthétique suivant.

Tableau synthétique

Consonnes	Leur prononciation *en position finale*
ㄴ, ㄹ, ㅁ, ㅇ	[ㄴ], [ㄹ], [ㅁ], [ㅇ] respectivement
ㄱ, ㄲ, ㅋ	[ㄱ] implosif
ㅂ, ㅍ	[ㅂ] implosif
ㄷ, ㅌ, ㅅ, ㅆ, ㅈ, ㅊ, ㅎ	[ㄷ] implosif

Attention, la prononciation des consonnes finales présentée dans le tableau ci-dessus peut être affectée par d'autres règles: si la consonne finale (de la syllabe) n'est pas la dernière du mot, une des autres règles de prononciation peut s'appliquer.

2. Liaison

Si dans un mot une syllabe se terminant par une consonne est suivie phonétiquement d'une voyelle, on doit appliquer la règle de liaison illustrée ci-dessous:
길이 (longueur) se prononce [기리]

C'est comme si, phonétiquement parlant, le "ㄹ" de la première syllabe se rattachait à la voyelle de la syllabe suivante " ㅣ ", en formant ainsi une nouvelle unité phonique [리].
Les liaisons peuvent également se faire entre deux mots.

3. Palatalisation

Les consonnes finales "ㄷ" et "ㅌ", suivies de "이", se prononcent respectivement [ㅈ] et [ㅊ].
Les consonnes finales "ㄷ" et "ㅌ", suivies de "히", se prononcent [ㅊ].

Syllabe 1		Syllabe 2		
ㄷ	+	이	→	[지]
ㅌ	+	이	→	[치]
ㄷ	+	히	→	[치]
ㅌ	+	히	→	[치]

Exemples:

굳이 (fermement, à tout prix) se prononce non pas [구디], mais [구지].
해돋이 (lever du soleil) se prononce non pas [해도디], mais [해도지].
같이 (ensemble) se prononce non pas [가티], mais [가치].
밭이 (champs, *suivi de la particule de sujet*) se prononce non pas [바티], mais [바치].
갇히다 (être enfermé) se prononce [가치다].

4. Nasalisation

Les consonnes finales ㄱ, ㄲ, ㅋ, ㄷ, ㅌ, ㅂ, ㅍ, ㅅ, ㅆ, ㅈ, ㅊ et ㅎ, suivies de ㄴ ou ㅁ, se prononcent selon la règle suivante:

ㄱ ㄲ ㅋ	se prononcent [ㅇ]
ㅂ ㅍ	se prononcent [ㅁ]
ㄷ ㅌ ㄸ ㅅ ㅆ ㅈ ㅊ ㅎ	se prononcent [ㄴ]

Exemples:

한국말	(le coréen)	[한궁말]
반갑습니다	(enchanté)	[반갑씀니다]
끝나다	(se terminer)	[끈나다]
쌓는다	(empiler	[싼는다]

5. Durcissement

Si la consonne finale d'une syllabe est ㄱ, ㄲ, ㅋ, ㄷ, ㅌ, ㅂ, ㅍ, ㅅ, ㅆ, ㅈ ou ㅊ, et que la consonne initiale de la syllabe suivante est ㄱ, ㄷ, ㅂ, ㅅ, ou ㅈ, ces dernières se prononcent de façon durcie, [ㄲ], [ㄸ], [ㅃ], [ㅆ] et [ㅉ] respectivement.

Exemples:

학교 (école)	[학꾜]	ㄱ final rencontre ㄱ initial
밥솥 (cuiseur de riz)	[밥쏟]	ㅂ final rencontre ㅅ initial
꽃다발 (bouquet de fleurs)	[꼳따발]	ㅊ final (= [ㄷ] d'après la première règle, concernant la prononciation des consonnes finales) rencontre ㄷ initial

6. Aspiration

Les consonnes ㄱ, ㄷ, ㅂ et ㅈ, suivies ou précédées de ㅎ, se prononcent respectivement [ㅋ], [ㅌ], [ㅍ], [ㅊ].

Exemples:

먹히다 (être mangé) [머키다]
좋다 (être bon) [조타]
집하고 (et la maison) [지파고]

좋지 (être bon, forme conjuguée) [조치]

Quant à la consonne ㅅ, suivie ou précédée de ㅎ, elle se prononce [ㅆ]:
좋습니다 (être bon, *forme conjuguée*) [조씀니다]

Exception à la règle d'aspiration:
La consonne finale "ㄷ" suivie de "히" ne se prononce pas [ㅌ], tel que le prédit la règle d'aspiration, mais [ㅊ], comme le prédit la règle de palatalisation vue plus haut:
갇히다 (être enfermé) se prononce non pas [가티다], mais [가치다]

7. Latéralisation

La consonne ㄴ, suivie ou précédée de ㄹ, se prononce [ㄹ].

Exemples:

a) ㄴ avant ㄹ:
연락 (communication) [열락]
난로 (poêle à charbon) [날로]

b) ㄴ après ㄹ:

칼날 (lame de couteau) [칼랄]

줄넘기 (saut à la corde) [줄럼기]

8. Règle de prononciation des Groupes de consonnes

Comme on l'a vu dans ce chapitre (à l'occasion de la prononciation des consonnes finales), toutes les consonnes, simples ou complexes, excepté ㄸ, ㅃ et ㅉ, peuvent apparaître en position finale d'une syllabe. A part ces consonnes, on peut également trouver les 10 groupes de consonnes suivants (un groupe étant constitué de deux consonnes différentes) en position finale d'une syllabe:

ㄱㅅ, ㄴㅈ, ㄴㅎ, ㄹㄱ, ㄹㅁ, ㄹㅂ, ㄹㅌ, ㄹㅍ, ㄹㅎ, ㅂㅅ.

Pour leur prononciation, distinguons deux cas:

a) le cas où la position d'apparition des groupes de consonnes ne permet pas l'application de la règle de liaison,

b) le cas où l'application de la règle de liaison est possible.

a) Hors cas de liaison: une seule des deux consonnes se prononce.

Groupe de consonnes	Prononciation	Exemple		
ㄱㅅ	[ㄱ]	넋	(âme)	[넉]
ㄴㅈ	[ㄴ]	앉다	(s'asseoir)	[안−]
ㄴㅎ	[ㄴ]	많다	(être nombreux)	[만−]
ㄹㄱ	[ㄱ]	닭	(poulet)	[닥]
ㄹㅁ	[ㅁ]	삶	(vie)	[삼]
ㄹㅂ	[ㄹ]	넓다	(être large)	[널−]
ㄹㅌ	[ㄹ]	핥다	(lécher)	[할−]
ㄹㅍ	[ㅂ]	읊다	(réciter)	[읍−]
ㄹㅎ	[ㄹ]	싫다	(ne pas aimer)	[실−]
ㅂㅅ	[ㅂ]	값	(prix)	[갑]

Il existe quelques exceptions à cette règle (il arrive que "ㄹㅂ" se prononce [ㅂ], ou que "ㄹㄱ" se prononce [ㄹ] par exemple).

4. 잣 작 잡
5. 속 솥 솝
6. 둘 들 돌
7. 검 껌
8. 톨 똘
9. 땀 땅
10. 똑 떡

Exercice 16 Mots phonétiquement proches

1. 거기 고기
2. 오리 우리
3. 꺼요 커요
4. 가요 까요
5. 서요 써요

Exercice 17 Expressions phonétiquement proches

1. 하지만 하지 마
2. 많아요 만나요
3. 잊어요 있어요
4. 그래요 그려요
5. 쉬워요 쉬어요

C. Règles de prononciation

[plage5] Pour tous ces exercices, écrivez entre crochets (et en coréen) la prononciation des syllabes ou des mots proposés.
Vous pouvez vous aider du support audio.

Exemple: 옷 [옫]

Exercice 18 Prononciation des consonnes finales 받침

1. 짖 [ ]
2. 볕 [ ]
3. 있 [ ]
4. 깎 [ ]

5. 녘 [ ]
6. 감 [ ]
7. 귤 [ ]

Exercice 19 Liaison

1. 맘에 [ ]
2. 앞으로 [ ]
3. 술이 [ ]
4. 정신이 [ ]
5. 방문을 [ ]

Exercice 20 Palatalisation

1. 맏이 [ ]
2. 끝이 [ ]
3. 미닫이 [ ]
4. 곧이 [ ]
5. 밭이 [ ]

Exercice 21 Durcissement

1. 국수 [ ]
2. 몹시 [ ]
3. 갑자기 [ ]
4. 입고 [ ]
5. 덮개 [ ]

Exercice 22 Nasalisation

1. 국물 [ ]
2. 놓는 [ ]
3. 맞는 [ ]
4. 멋있는 [ ]

Exercice 23 Aspiration

1. 쌓지 [ ]
2. 놓고 [ ]

3. 좋던 [ ]
4. 익혀요 [ ]
5. 잡혀요 [ ]

Exercice 24 Latéralisation

1. 찰나 [ ]
2. 신라 [ ]
3. 천리 [ ]
4. 올는지 [ ]
5. 물난리 [ ]

Exercice 25 Règle de prononciation des groupes de consonnes

1. 값 [ ] 값은 [ ]
2. 흙 [ ] 흙은 [ ]
3. 핥 [ ] 핥은 [ ]
4. 싫 [ ] 싫은 [ ]
5. 넋 [ ] 넋은 [ ]
6. 앉 [ ] 앉은 [ ]
7. 많 [ ] 많은 [ ]
8. 굶 [ ] 굶은 [ ]
9. 짧 [ ] 짧은 [ ]

Exercice 26 Cas mixtes

1. 갇히다 [ ]
2. 핥이다 [ ]
3. 물놀이 [ ]

Exercice 27

Vous êtes maintenant en mesure d'utiliser toutes les lettres du coréen.
Ecrivez vos nom et prénom en coréen, ainsi que des mots comme "Séoul", "Corée", "Paris", "France", etc.

LEÇON 1

안녕하세요? 저는 **에릭**이에요.

Principaux objectifs de la leçon

Grammaire

1. la particule de thème －은/는
2. le verbe 이다 (être)
3. le terme de politesse －씨

Expression

1. dire bonjour
2. se présenter: donner son nom, sa nationalité, son métier, etc.
3. présenter quelqu'un

제1과 안녕하세요? 저는 에릭이에요.

[plage6]

Dialogue 1 ***Au cours d'une réception, Eric rencontre par hasard une connaissance, Jiseon ...***

지선 안녕하세요? 에릭 씨.
에릭 어, 지선 씨. 안녕하세요?
지선 요즘 잘 지내요?
에릭 네, 잘 지내요.

Dialogue 2 ***Jiseon présente sa collègue de bureau Miae Choi à Eric...***

지선 이분은 최 미애 씨예요.
에릭 안녕하세요? 미애 씨.
미애 안녕하세요? 반갑습니다.

Dialogue 3 ***après s'être salués, Eric et Miae échangent quelques mots.***

에릭 저는 에릭이에요.
미애 에릭 씨는 미국 사람이에요?
에릭 아니요. 저는 프랑스 사람이에요.
미애 아, 그래요?
에릭 미애 씨는 학생이에요?
미애 아니요. 저는 회사원이에요. 에릭 씨는요?
에릭 저는 학생이에요.

✲ VOCABULAIRE

Dialogue 1

안녕하세요?	bonjour !
씨	terme de politesse (après un prénom ou un nom complet)
어	interjection de surprise
요즘	ces jours-ci
잘	bien
지내요 [지내다]	passer du temps
	note: la forme entre crochets [*지내다*] est la forme infinitive.
-요	marque de politesse
네	oui ("oui" se dit aussi *예*)

Dialogue 2

이분	cette personne-ci (forme honorifique)
-은/는	particule de thème
-예요 [이다]	être
반갑습니다 [반갑다]	enchanté(e)/ ravi(e) de vous rencontrer

Dialogue 3

저	je, moi
-는	particule de thème
미국	Etats-unis
사람	personne, homme
-이에요 [이다]	être
아니요	non
프랑스	France
아, 그래요?	ah bon?
학생	étudiant(e)
회사원	employé(e) dans une entreprise
에릭 씨는요?	et vous, Eric?

✲ GRAMMAIRE ET EXPRESSIONS

안녕하세요?

안녕하세요? signifie "bonjour" (quelle que soit l'heure de la journée). 안녕하세요? se décompose en 안녕 (paix) suivi du verbe 하세요 (faire), et signifie littéralement "Etes-vous en paix?".
안녕하세요? est la forme utilisée au style poli informel. Ce style convient typiquement dans un cadre informel avec un inconnu, ou avec une personne d'âge proche qu'on connaît sans être très intime (entre collègues par exemple).
Au style familier (typiquement entre amis d'âges proches, ou avec une personne plus jeune qu'on connaît bien, ou quand on s'adresse à des enfants), "bonjour" se dit simplement 안녕?
Au style poli formel (quand on veut être très poli, ou dans un contexte qui exige une certaine politesse et distance comme un entretien, une présentation, un discours, etc.), "bonjour" se dit 안녕하십니까?
Dans la majorité des leçons de ce manuel, le style utilisé est le style poli informel.

Les Verbes coréens

Les verbes coréens sont formés de deux parties, le radical et la terminaison. Par exemple, dans 하세요, 하- est le radical du verbe "faire", et -세요 la terminaison (conjuguée). La terminaison infinitive en coréen est -다. La forme infinitive de 하세요 est 하다.

Nom+이다

이다 est un verbe copule qui se traduit le plus souvent par "être" en français (dans le sens d'une identification du prédicat avec le sujet). A la différence du verbe être en français, 이다 s'agglutine au nom qui le précède immédiatement.

학생 + 이다 → 학생이다 (pas de blanc entre les deux mots)
étudiant + être → être étudiant

이에요/예요

–이에요 et –예요 sont les deux variantes conjuguées au présent et au style poli informel de 이다 (être).
a) Après un mot se terminant par une consonne (C), on emploie –이에요.
b) Après un mot se terminant par une voyelle (V), on emploie –예요.

a) 학생(C) + 이에요 → 학생이에요. (Il) est étudiant.
b) 의사(V) + 예요 → 의사예요 (Il) est médecin.

Dans les dialogues de cette leçon, on a également vu:
a) 저는 에릭이에요. Je suis Eric.
b) 이분은 최 미애 씨예요. Cette personne est Miae Choi.

Quelques exemples: se présenter en employant le verbe 이다

Donner son nom:
저는 미셸이에요. Je suis Michèle.
저는 삐에르예요. Je suis Pierre.

Remarque: dans les exemples ci-dessus, pour choisir entre –이에요 et –예요, on prend évidemment en compte la transcription en coréen du prénom français ; même si, en français, "Michèle" se termine par une voyelle, dans la mesure où sa transcription en coréen se termine par une consonne ("ㄹ"), on doit utiliser –이에요 et non –예요.

... sa nationalité:
En coréen, pour exprimer sa nationalité, on juxtapose simplement le nom du pays et le nom 사람 (être humain).

프랑스 + 사람 ("France" + "être humain") → "français(e)"
한국 + 사람 ("Corée" + "être humain") → "coréen(ne)"

Note: 한국 est la version courte de 대한민국 (République de Corée).

저는 프랑스 사람이에요. Je suis français(e).
저는 한국 사람이에요. Je suis coréen(ne).
저는 캐나다 사람이에요. Je suis canadien(ne).
저는 스위스 사람이에요. Je suis suisse.
저는 벨기에 사람이에요. Je suis belge.
저는 이태리 사람이에요. Je suis italien(ne).

저는 스페인 사람이에요. Je suis espagnol(e).
저는 영국 사람이에요. Je suis anglais(e).
저는 독일 사람이에요. Je suis allemand(e).
저는 미국 사람이에요. Je suis américain(e).
저는 중국 사람이에요. Je suis chinois(e).
저는 일본 사람이에요. Je suis japonais(e).
저는 인도 사람이에요. Je suis indien(ne).

... son activité/métier:
저는 학생이에요. Je suis étudiant(e).
저는 의사예요. Je suis médecin.
저는 번역가예요. Je suis traducteur/traductrice.
저는 회사원이에요. Je suis employé(e) dans une entreprise.
저는 선생님이에요. Je suis enseignant(e).
저는 기자예요. Je suis journaliste.
저는 영화평론가예요. Je suis critique de cinéma.
저는 은행원이에요. Je suis employé(e) de banque.
저는 가이드예요. Je suis guide (touristique).
저는 배우예요. Je suis comédien(ne).
저는 가정주부예요. Je suis femme au foyer.
저는 요리사예요. Je suis cuisinier/cuisinière.
저는 디자이너예요. Je suis designer.
저는 엔지니어예요. Je suis ingénieur.

... son âge:
저는 21살이에요. J'ai 21 ans.
저는 40대예요. Je suis dans la quarantaine.

... son groupe sanguin:
Aussi surprenant que cela puisse vous paraître, on peut vous demander votre groupe sanguin en Corée, car beaucoup pensent que cela détermine certains traits de la personnalité,

저는 O형이에요. Je suis du groupe O.
저는 A형이에요. Je suis du groupe A.

O et A se prononcent à l'anglaise, respectivement [오] et [에이].

... son signe astrologique:
저는 용띠예요. Je suis du signe du Dragon.
저는 말띠예요. Je suis du signe du Cheval.

... son état civil:
저는 기혼이에요. Je suis marié(e).
저는 미혼이에요. Je suis célibataire.
저는 싱글이에요. Je suis célibataire. [*싱글* provient de "single" en anglais]

Les noms de famille et les prénoms coréens

En coréen, on donne d'abord son nom de famille puis son prénom.

En général, les noms de famille coréens sont formés d'une seule syllabe, et les prénoms de deux syllabes, comme 최 + 미애.

최 미애 Miae CHOI (ou Mi-ae CHOI)

박 만수 Mansu PARK (ou Man-su PARK)

Le nom et le prénom peuvent s'écrire séparés d'un blanc (최 미애), ou sans blanc (최미애).

Le nombre de noms de famille coréens est relativement restreint. Parmi les noms de famille coréens (김, 이, 박, 최, 서, 조, 홍, etc.), 김, 이 et 박 sont les plus répandus.

Pour vous aider à différencier les prénoms masculins des prénoms féminins, sachez que si certaines syllabes sont neutres (영, 수, 정, etc.), certaines sont en revanche typiquement masculines (철, 호, 태, 석, 준, 훈, 섭, 식, etc.), et d'autres typiquement féminines (미, 희, 애, 나, 자, 혜 선, 경, 숙, etc.).

Vous pourrez donc deviner que

철수, 진호, 태식, 석준, 재훈, 지섭, etc. sont des prénoms masculins, et

수미, 영희, 미나, 경애, 미자, 혜선, 미경, 지숙 des prénoms féminins!

Remarque: bien sûr, il existe quelques exceptions.

Par exemple, la syllabe typiquement masculine 태 peut occasionnellement se retrouver dans un prénom de fille (태희, 태숙, etc.) et la syllabe 희, typiquement féminine, peut se retrouver également dans certains prénoms masculins (희철, 희재, etc.).

씨

Les coréens s'adressent rarement à quelqu'un sans employer un titre ou un terme de politesse approprié.

Le terme de politesse qu'on emploie le plus usuellement avec les noms complets ou les prénoms est 씨. 씨 s'emploie indifféremment du sexe de la personne.

최 미애 씨 Mme Miae Choi

박 만수 씨 M. Mansu Park

미애 씨 Miae (désignée de façon respectueuse)

만수 씨 Mansu (désigné de façon respectueuse)

미애 씨, 안녕하세요? Bonjour, Miae !

에릭 씨는 학생이에요. Eric est étudiant.

Attention, on ne doit pas employer 씨 pour soi-même, car on ne s'honorifie pas soi-même. Par exemple, quand Eric se présente, il ne doit pas dire 저는 에릭 씨예요 (incorrect), mais 저는 에릭 이에요.

Précisons que la façon de s'adresser à autrui est assez complexe en Corée ; elle dépend de l'âge, de la position sociale, etc. de son interlocuteur. L'usage des prénoms ou des noms complets associés à 씨 est typiquement possible entre collègues de même rang par exemple. Dans d'autres cas sur lesquels nous reviendrons, on doit utiliser un titre (comme professeur, docteur, patron, etc.), ou un terme décrivant la relation familiale (grand frère, oncle, tante, etc.) par exemple.

Particule de Thème –은/는

Lorsqu'un élément de la phrase introduit un thème (= ce dont on parle), on lui attache la particule de thème –은 ou –는.
a) Après un mot se terminant par une consonne, on emploie –은.
b) Après un mot se terminant par une voyelle, on emploie –는.

a) 이분은 최 미애 씨예요. lit. "Quant à cette personne, elle est Miae Choi."
b) 에릭 씨는 학생이에요. lit. "Quant à Eric, il est étudiant."

La particule de thème –은/는 peut se traduire littéralement par "quant à", mais elle se traduit le plus souvent par un simple sujet en français. On reviendra ultérieurement sur l'usage de cette marque, en comparaison en particulier avec la particule de sujet –이/가.

Usage des pronoms en coréen

Vous avez sans doute remarqué que le seul pronom utilisé dans les dialogues de cette leçon est le pronom de la première personne du singulier, à la forme polie, 저 (je, moi), alors que la traduction française de ce dialogue (cf. Annexe) fait un grand usage des pronoms. Effectivement, le coréen fait un usage assez limité des pronoms, et une des difficultés pour vous consistera également à les éviter.
Par exemple, dans la leçon, on a vu que Miae questionne en retour Eric en lui demandant "Et vous ?", ce qui est rendu par "에릭 씨는요?" (littéralement: "Quant à Eric ?").
Le point grammatical suivant constitue une autre "stratégie" utilisée en coréen pour "éviter" les pronoms.

Omission du sujet

Contrairement au français, en coréen, lorsque le sujet (ou le thème) de la phrase est facilement identifiable grâce au contexte, on l'omet très fréquemment.
A: 요즘 잘 지내요? Comment allez-vous ces jours-ci ?
B: 잘 지내요. Je vais bien.

Autres mots ou expressions utiles

요즘 어떻게 지내요?	Comment allez-vous ces jours-ci ?
이름이 뭐예요?	Quel est votre nom ?
이분은 누구예요?	Qui est cette personne ?
어떻게	comment
이름	nom
뭐	quoi
누구	qui

EXERCICES

Exercice 1

Vous rencontrez pour la première fois Mlle In-hwa SEO. Saluez-la.

Exercice 2

Vous voulez présenter les personnes suivantes à votre collègue Miae. Que dites-vous ?

a) M. Patrick Dupont
b) Mlle In-hwa Seo
c) Mme Yu-na Kim

Exercice 3

Dans une réception, vous avez rencontré un étranger nommé Patrick Dupont.
Demandez-lui s'il est français.

Exercice 4

Vous avez croisé un de vos collègues que vous n'avez pas vu depuis un moment. Demandez-lui s'il va bien ces jours-ci.

Exercice 5

Présentez-vous en quelques phrases contenant le verbe 이다 (être). (nom, nationalité, métier, etc.)

Exercice 6

Afin de bien maîtriser la particule de thème, dites à haute voix les mots suivants en y ajoutant rapidement la bonne particule, -은 ou -는:

미국	프랑스	한국
에릭 씨	학생	의사
최미애	박 선생님	책

Exercice 7

Complétez la phrase suivante avec chacune des trois expressions ci-dessous, en choisissant entre -이에요 et -예요:

이분은 __________ 이에요/예요.

a) *médecin*
b) *Professeur (enseignant) Kim*
c) *Mme Mija Jo*

Exercice 8

Ordonnez les mots suivants pour former des phrases correctes:

a) 지내요?, 잘, 요즘
b) 사람, 캐나다, 이에요, 는, 저
c) 는, 씨, 회사원, 미애, 이에요?

Exercice 9

Repérez l'intrus:

a) 스위스, 최미애, 스페인, 인도
b) 싱글, 미혼, 기혼, 기자
c) 뭐, 누구, 안녕 ,어떻게

LEÇON 2

이게 뭐예요?

Principaux objectifs de la leçon

Grammaire

1. la particule de sujet -이/가
2. le présent au style poli informel -아요/어요
3. le verbe 있다 (exister)
   le verbe 없다 (ne pas exister)
4. les verbes irréguliers en "ㅂ"
5. les constructions à thème et à sujet
6. les démonstratifs 이/그/저

Expression

1. désigner une personne, un objet ou un endroit de façon appropriée
2. formuler des questions simples au style poli informel
3. exprimer une relation d'appartenance

제2과 이게 뭐예요?

[plage7]

Dialogue 1 ***C'est la fin de la journée au bureau pour Miae. Elle a l'habitude de rentrer avec sa collègue Jiseon, mais cette fois, elle a un rendez-vous...***

지선 저 가요, 미애 씨.
미애 네, 먼저 가요.
저는 이따가 약속이 있어요.

Dialogue 2 ***Eric vient rendre visite à Miae dans son bureau, qui lui semble encombré d'objets bizarres...***

에릭 미애 씨, 이게 뭐예요?
미애 볼펜이에요.
에릭 정말요? 재미있어요.
미애 씨, 저건 또 뭐예요?
미애 저건 휴지통이에요.

Dialogue 3 ***Miae invite Eric à s'asseoir.***

미애 에릭 씨, 소파에 앉아요.
에릭 고마워요. 미애 씨도 거기 앉아요.
미애 네.
에릭 아참, 미애 씨, 여기 전화 없어요?
미애 전화 있어요. 저쪽에 있어요.

✲ VOCABULAIRE

Dialogue 1

저	je, moi
가요 [가다]	aller, s'en aller
먼저	d'abord
이따가	tout à l'heure
약속	rendez-vous
-이/가	particule de sujet
있어요 [있다]	exister, il y a, avoir

Dialogue 2

이게	ceci (sujet)
뭐	quoi
볼펜	stylo à bille
정말요?	vraiment ?
재미있어요 [재미있다]	être amusant
저건	cela (thème)
또	encore
휴지통	poubelle

Dialogue 3

소파에	dans le fauteuil
앉아요 [앉다]	s'asseoir
고마워요 [고맙다]	merci ! [lit. je suis reconnaissant]
-도	aussi
거기	là-bas
아참	interjection: au fait, à propos
전화	téléphone
없어요 [없다]	ne pas exister, il n'y a pas, ne pas avoir
저쪽에	par là-bas

✲ GRAMMAIRE ET EXPRESSIONS

Conjugaison des verbes réguliers au présent (style poli informel)

On a vu que le verbe copule 이다 (être) présente deux variantes au style poli informel au présent, -이에요 et -예요. Il s'agit d'un verbe irrégulier.
Les verbes réguliers, eux, prennent l'une des deux variantes de terminaison au style poli informel au présent, -아요, et -어요.

Choix entre -아요 et -어요:
a) Si la dernière voyelle du radical verbal est ㅏ ou ㅗ, on attache -아요 au radical.
b) Si la dernière voyelle du radical verbal est autre que ㅏ ou ㅗ, on attache -어요 au radical.

a)

좋다:	좋 ("ㅗ") + -아요	→	좋아요	
앉다:	앉 ("ㅏ") + -아요	→	앉아요	
가다:	가 ("ㅏ") + -아요	→	가요	(l'une des deux voyelles identiques tombe: 가아요 devient 가요)

b)

있다:	있 ("ㅣ") + -어요	→	있어요
없다:	없 ("ㅓ") + -어요	→	없어요

Une même forme verbale pour les différents modes verbaux:

Au style poli informel, les mêmes formes verbales peuvent être employées dans les déclaratives, les interrogatives, les impératives, et les propositives. Par exemple, dans le dialogue 1, la forme verbale conjuguée 가요 est employée à la fois dans une déclarative et dans une impérative.

지선: 저 가요.	J'y vais.	[Déclarative]
미애: 네, 먼저 가요.	Oui, allez-y d'abord.	[Impérative]

Verbe d'existence 있다 vs. 없다

Pour exprimer l'existence d'une entité, on emploie le verbe existentiel 있다 (exister, il y a, avoir).

나무가 있어요.	Il y a un arbre.	[lit. un arbre existe.]
전화가 있어요.	Il y a un téléphone.	[lit. un téléphone existe.]

Pour exprimer l'absence ou la non-existence d'une entité, on emploie le verbe existentiel négatif 없다 (ne pas exister, il n'y a pas, ne pas avoir).

나무가 없어요.	Il n'y a pas d'arbre.	[lit. un arbre n'existe pas]
전화가 없어요.	Il n'y a pas de téléphone.	[lit. un téléphone n'existe pas]

Le verbe 있다 (ainsi que 없다) participe à la formation de nombreux prédicats composés, comme par exemple le verbe 재미있다 (être amusant), qui est constitué du nom 재미 (plaisir, intérêt) et du verbe 있다 (exister).

재미있어요.	C'est amusant.
재미없어요.	Ce n'est pas amusant.

맛 (goût) + 있다 (exister)	맛있어요.	C'est délicieux.
맛 (goût) + 없다 (ne pas exister)	맛없어요.	Ce n'est pas bon.
멋 (élégance) + 있다 (exister)	멋있어요.	C'est beau, élégant.
멋 (élégance) + 없다 (ne pas exister)	멋없어요.	Ce n'est pas beau.

Verbes irréguliers en "ㅂ"

Certains verbes dont le radical se termine par la consonne "ㅂ" ont une conjugaison particulière: quand le radical est suivi d'une conjonction ou d'une terminaison commençant (phonétiquement) par une voyelle, la lettre "ㅂ" se transforme en "우".

고맙다 (être reconnaissant):

고맙- + -아/어요 → 고마우 + 어요 → 고마워요

반갑다 (être enchanté):

반갑- + -아/어요 → 반가우 + 어요 → 반가워요

귀엽다 (être mignon), 즐겁다 (être gai), 우습다 (être risible), 아름답다 (être beau), 맵다 (être épicé), 춥다 (avoir froid), 덥다 (avoir chaud), 가볍다 (être léger), 어렵다 (être difficile), 쉽다 (être facile), etc. se conjuguent de la même façon.

Remarque: Les verbes 입다 (s'habiller), 좁다 (être étroit), 붙잡다 (attraper), 뽑다 (choisir), etc. ne sont pas des verbes irréguliers, mais réguliers. Ils se conjugent donc selon les règles de conjugaison standard:

입다 (s'habiller):
입- + -어요 → 입어요
좁다 (être étroit):
좁- + -아요 → 좁아요

Les interrogatives

Pour former une question, il n'y a aucun changement dans l'ordre des mots en coréen.

전화 있어요. Il y a un téléphone.
전화 있어요? Y a-t-il un téléphone ?

Particule de sujet -이/가

-이 et -가 sont les deux formes variantes de la particule de sujet.
a) Après un mot se terminant par une consonne, on emploie -이.
b) Après un mot se terminant par une voyelle, on emploie -가.

a) 약속(C) + 이 → 약속이 있어요. [lit. un rendez-vous existe]
b) 전화(V) + 가 → 전화가 있어요. [lit. un téléphone existe]

Rappel: Omission du sujet

Contrairement au français, en coréen, le sujet de la phrase tombe fréquemment, à condition que le sujet omis soit facilement identifiable grâce au contexte.
Typiquement, dans un dialogue, l'omission du sujet est fréquente dans les réponses:
이게 뭐예요? Qu'est-ce que c'est ?
(이게) 볼펜이에요. (C')est un stylo.

Dans le dialogue 1, 재미있어요 a comme sujet sous-entendu 볼펜 (stylo)
(볼펜이) 재미있어요. (Le stylo) est amusant.

Omission de -이/가

La particule de sujet peut être omise dans certains cas, si cela n'entraîne en particulier pas de confusion sur la fonction (sujet) de l'élément nominal devant normalement porter la particule de sujet.

여기 전화(가) 없어요? Il n'y a pas de téléphone ici ?
[lit. un téléphone n'existe pas ici ?]

Omission de -은/는

Tout comme la particule de sujet, la particule de thème -은/는 peut également être facultative. Il n'existe pas vraiment de règle qui prédise dans quels cas l'omission des particules est permise.

저(는) 가요. Moi, j'y vais.

Particule de sujet -이/가 vs. particule de thème -은/는

Etant donné que l'élément sujet de la phrase en français peut porter en coréen soit la particule de thème -은/는, soit la particule de sujet -이/가, précisons dans quels contextes on emploie l'une ou l'autre.

Très grossièrement, lorsque le sujet de la phrase dénote un élément nouveau dans le contexte du discours, et qu'on le mentionne pour la première fois, on emploie la particule de sujet -이/가. En revanche, lorsque le sujet de la phrase dénote une entité dont l'existence est déjà présupposée (comme c'est le cas pour "je"), ou bien quand le sujet est en relation (de contraste par exemple) avec un autre élément déjà cité dans les phrases précédentes, on emploie la particule de thème -은/는.

Sujet (élément nouveau)	+ -이/가
Sujet (dont l'existence est présupposée, déjà cité, ou en relation avec un élément déjà cité)	+ -은/는

Appliquons ce que nous venons de dire avec les phrases du dialogue 2.

1) 미애 씨, <u>이게</u> 뭐예요?

Ici, 이게 (forme contractée de 이것이 ; voir plus loin dans cette leçon pour une explication sur les formes contractées) porte la marque de sujet -이, car 이것 (ceci) est introduit pour la première fois dans la conversation.

2) 미애 씨, <u>저건</u> 또 뭐예요?

Cette fois, 저건 (forme contractée de 저것은) porte la marque de thème -은, car 저것 (cela) est en relation discursive (opposition, mise en parallèle, etc.) avec l'élément déjà mentionné précédemment 이것 (ceci).

La traduction en français peut aider à comprendre la différence. Dans la deuxième phrase, contrairement à la première, on peut insérer "quant à", ce qui correspond approximativement à l'usage de -은/는:

"Miae, qu'est ce que <u>ceci</u> (이것이) ?"

"<u>Et cela</u>, qu'est-ce que c'est ?" ou "<u>Quant à cela</u> (저것은), qu'est-ce que c'est ?"

Note: pour dire "C'est moi/toi/etc. qui ...", ou en réponse à une question du type "Qui ...", on utilise la marque de sujet -이/가.

1) 이분이 에릭 씨예요.	C'est lui qui est Eric.
2) 누가 가요?	Qui s'en va ?
에릭 씨가 가요.	Eric s'en va.

Constructions à thème et à sujet

On trouve souvent en coréen des phrases contenant un thème (marqué par –은/는) suivi d'un sujet (marqué par –이/가).

한국은 산이 많아요. Il y a beaucoup de montagnes en Corée.
thème-sujet
Mot à mot: Quant à la Corée (thème), les montagnes (sujet) sont nombreuses.

미셸은 얼굴이 예뻐요. Michèle a un joli visage.
thème-sujet
Mot à mot: Quant à Michèle (thème), le visage (sujet) est joli.

저는 약속이 있어요. J'ai un rendez-vous.
thème-sujet
Mot à mot: Quant à moi (thème), un rendez-vous (sujet) existe.

Constructions à double sujet

En coréen, on peut aussi parfois rencontrer des constructions à double sujet:

미애 씨가 약속이 있어요. C'est Miae qui a un rendez-vous.
sujet1 sujet2

누가 약속이 있어요? Qui a un rendez-vous?
sujet1 sujet2

Démonstratifs 이/그/저

En français, on distingue les démonstratifs ceci et cela, selon la proximité de l'objet désigné par rapport au locuteur. En coréen, on a le choix entre trois formes de démonstratifs 이, 그, et 저. Ce choix se fait en fonction de la proximité de l'objet désigné, non seulement par rapport au locuteur, mais également par rapport à son interlocuteur.

이 + Nom ce ...-ci (près du locuteur, et plus près du locuteur que de l'interlocuteur)
그 + Nom ce ...-là (près de l'interlocuteur, et plus près de l'interlocuteur que du locuteur)
저 + Nom ce ... là-bas (à la fois loin du locuteur et de l'interlocuteur)

Combinons ces démonstratifs avec le nom 분 (forme honorifique de "personne"):
이분 cette personne-ci (près du locuteur, et plus près du locuteur que de l'interlocuteur)
그분 cette personne-là (près de l'interlocuteur, et plus près de l'interlocuteur que du locuteur)
저분 cette personne là-bas (à la fois loin du locuteur et de l'interlocuteur)

avec 것 (chose):
이것 cette chose-ci (près du locuteur, et plus près du locuteur que de l'interlocuteur)
그것 cette chose-là (près de l'interlocuteur, et plus près de l'interlocuteur que du locuteur)
저것 cette chose là-bas (à la fois loin du locuteur et de l'interlocuteur)

이분/그분/저분 et 이것/그것/저것 peuvent être considérés comme des quasi-pronoms (dans cet usage, l'absence de blanc entre le démonstratif et le nom est possible).

Les démonstratifs 이/그/저 s'emploient aussi avec d'autres noms que 분 et 것 (l'insertion d'un blanc entre le démonstratif et le nom est alors obligatoire):

이 차	cette voiture-ci (près du locuteur, et plus près du locuteur que de l'interlocuteur)
그 차	cette voiture-là (près de l'interlocuteur, et plus près de l'interlocuteur que du locuteur)
저 차	cette voiture là-bas (à la fois loin du locuteur et de l'interlocuteur)

La même distinction se retrouve avec les locatifs:

여기	ici	(près du locuteur, et plus près du locuteur que de l'interlocuteur)
거기	là	(près de l'interlocuteur, et plus près de l'interlocuteur que du locuteur)
저기	là-bas	(à la fois loin du locuteur et de l'interlocuteur)

이게, 저건,... les formes contractées

A l'oral, on contracte très souvent l'élément nominal assumant la fonction sujet avec la particule de sujet qu'il porte. Par exemple, dans le dialogue 2, 이게 est une forme contractée:
이것 (cette chose-ci, ceci) + -이 (particule de sujet) → 이것이 → 이게 (forme contractée).
De même, 그게 et 저게 sont les formes contractées de 그것이 et 저것이.
La contraction se fait aussi avec la particule de thème. Dans le dialogue 2, 저건 est également une forme contractée:
저것 (cette chose-là, cela) + -은 (particule de thème) → 저것은 → 저건 (forme contractée).
De même, 이건 et 그건 sont les formes contractées de 이것은 et 그것은.

-도

미애 씨도 앉아요. Asseyez-vous, vous aussi, Miae.
-도 se traduit souvent par "aussi", ou "même", en français (ou par "non plus" dans une phrase négative).
-도 ne peut jamais co-apparaître avec les particules de sujet, de thème ou d'objet.

연필<u>이</u> 있어요.	Il y a un crayon.
볼펜<u>도</u> 있어요.	Il y a aussi un stylo.

Pour dire "Il y a aussi un stylo.", on ne peut pas dire 볼펜<u>이도</u> 있어요 (incorrect) ou 볼펜<u>도이</u> 있어요 (incorrect).

Autres mots ou expressions utiles

이게 무슨 음식이에요?	Quel est ce plat ? [lit. Ceci quel plat est-ce ?]
이게 무슨 책이에요?	Quel est ce livre ?

Les objets qu'on peut trouver dans un bureau:

책상	bureau
팩스	fax

컴퓨터	ordinateur
복사기	photocopieuse
전화	téléphone
연필	crayon de bois
볼펜	stylo à bille
지우개	gomme
종이	feuille de papier
신문	journal
휴지통	poubelle
스카치테이프	scotch (ruban adhésif)
자	règle
의자	chaise
책	livre
공책	cahier

EXERCICES

Exercice 1

Vous regardez les photos de vacances d'un collègue. Posez-lui les questions suivantes, en désignant un objet que vous voyez sur ses photos.

a) Qu'est-ce que c'est ?
b) Qu'est-ce que c'est, ce plat ?
c) Ce plat est épicé ?
d) Cette personne est le guide ?

Exercice 2

Vous regardez un film avec un collègue. Vous voyez un comédien que vous ne connaissez pas, et voulez savoir quel est son nom. Que dites-vous à votre collègue ?

Exercice 3

Vous êtes dans une librairie. Vous apercevez un livre que vous voulez acheter, mais il est rangé trop haut. Un employé monte sur une échelle et vous désigne le livre pour confirmer qu'il s'agit bien de celui que vous voulez.

Dites la conversation suivante en coréen:

Employé: *C'est ce livre ?*
Vous: *Oui, c'est ce livre.*

Exercice 4

Afin de bien maîtriser la particule de sujet, dites à haute voix les mots suivants en y ajoutant rapidement la bonne particule, –이 ou –가:

사과	캐나다	사람
약속	전화	의자
휴지통	뭐	택시

Exercice 5

Conjuguez les verbes suivants au style poli informel au présent:

a) 미애 씨가 사과를 ___________. (먹다) Miae mange une pomme.
b) 미애 씨가 ___________. (졸다) Miae s'endort.
c) 미애 씨가 ___________. (없다) Miae n'est pas là.
d) 미애 씨가 ___________. (앉다) Miae s'asseoit.

Exercice 6

Conjuguez les verbes suivants au style poli informel au présent:

a) 오늘은 ___________. (춥다) Il fait froid aujourd'hui.
b) 이 가방은 ___________. (가볍다) Ce sac est léger.
c) 미애 씨는 ___________. (귀엽다) Miae est mignonne (jolie).

Exercice 7

En employant la tournure "thème-sujet" ci-dessous

______는/은 ___________ 이/가 있어요.

dites les phrases suivantes:

a) J'ai une voiture.
b) Eric a un stylo.
c) Miae a un rendez-vous.

Exercice 8

Le sujet de la phrase en coréen peut porter tantôt la particule de thème, tantôt la particule de sujet. Dites-les phrases suivantes en employant la bonne particule.

a) Bonjour! *Je* m'appelle Cheolsu Kim.
안녕하세요? _____ 김철수예요.
b) Il était une fois *un garçon* qui vivait dans un village.
옛날옛날 어느 마을에 한 소년___ 살았어요.
c) *Le citron* est amer. Mais *l'orange* est douce.
레몬___ 써요. 하지만 오렌지___ 달아요.
d) Qu'est-ce qu'il y a dans la chambre ? - Il y a *un lit.*
-방에 뭐가 있어요?
-침대___ 있어요.

Exercice 9

Repérez l'intrus:

a) 신문, 책, 친구, 연필
b) 전화, 휴지통, 의자, 여기
c) 택시, 텔레비전, 컴퓨터, 라디오
d) 회사원, 공책, 학생, 의사

LEÇON 3

저는 테니스를 좋아해요.

Principaux objectifs de la leçon

Grammaire	Expression
1. l'ordre des mots dans la phrase	1. formuler une proposition au style poli informel
2. la particule d'objet -을/를	2. les verbes composés à partir de 하다
3. la marque de négation 안	3. les jours de la semaine
4. la conjugaison du verbe 하다 (faire)	4. exprimer ce qu'on aime ou pas
5. la postposition temporelle -에	

제3과 저는 테니스를 좋아해요

[plage8]

Dialogue 1 *Eric s'intéresse aux sports que Miae aime pratiquer...*

에릭 미애 씨는 운동 좋아해요?
미애 네, 좋아해요.
에릭 무슨 운동을 좋아해요?
미애 저는 테니스를 좋아해요. 에릭 씨도 테니스 좋아해요?
에릭 네, 아주 좋아해요.
미애 그래요? 그럼 같이 테니스 쳐요.
에릭 정말요? 좋아요!

Dialogue 2 *Eric et Miae conviennent de jouer ensemble au tennis dimanche prochain.*

에릭 미애 씨, 보통 무슨 요일에 테니스 쳐요?
미애 저는 보통 일요일에 쳐요.
에릭 토요일에는 안 쳐요?
미애 토요일에는 잘 안 쳐요.
에릭 그럼 이번 일요일에 만나요.
미애 좋아요. 일요일에 만나요.

✲ VOCABULAIRE

Dialogue 1

운동	sport
좋아해요 [좋아하다]	aimer
무슨	quel
테니스	tennis
아주	très, beaucoup
그래요?	ah oui ?
그럼	dans ce cas, alors
같이	ensemble
쳐요 [치다]	frapper
테니스 치다	jouer au tennis
정말요?	vraiment ?
정말	vérité
-요	marque de politesse
좋아요 [좋다]	d'accord, avec plaisir

Dialogue 2

보통	d'habitude
요일	jour de la semaine
-에	à
일요일	dimanche
토요일	samedi
안	marque de négation
잘	bien, souvent
이번	ce [lit. cette fois]
만나요 [만나다]	rencontrer

✲ GRAMMAIRE ET EXPRESSIONS

Ordre des mots

Dans une phrase à "prédicat adjectif" (i.e. combinaison du verbe être et d'un adjectif), l'ordre des mots est identique en français et en coréen. C'est l'ordre Sujet-Prédicat.
Remarque: en coréen, il y a très peu d'adjectifs à proprement parler ; il s'agit plutôt de verbes qui se traduisent en français par "être+adjectif", comme par exemple 길다 (être long).

Sujet	Prédicat adjectif
Le film	est long.
Sujet	Prédicat adjectif
영화가	길어요.

Nous avons déjà vu que dans une phrase avec le verbe copule 이다 (être), l'ordre des mots en coréen est différent de l'ordre en français. En français, l'ordre est Sujet-Copule-Complément, alors qu'en coréen, l'ordre correct est Sujet-Complément-Copule.

Sujet	Copule	Complément
Eric	est	étudiant
Sujet	Complément	Copule
에릭 씨가	학생	-이에요

En outre, 이다 (être) s'agglutine au complément qui le précède, à la différence de "être" en français.

Dans une phrase avec un objet (au sens large: objets directs, indirects, compléments circonstanciels...), l'ordre des mots en français et en coréen est également différent. L'ordre de base est Sujet-Verbe-Objet (SVO) en français, mais Sujet-Objet-Verbe (SOV) en coréen.

S	V	O
J'	aime	le tennis
S	O	V
저는	테니스를	좋아해요

에릭 씨가 미애 씨를 좋아해요. Eric aime bien Miae.
미애 씨가 친구를 만나요. Miae rencontre un(e) ami(e).
미애 씨가 테니스를 쳐요. Miae joue au tennis. [lit. frapper (la balle de) tennis]

Particule d'objet –을/를

L'élément assumant la fonction objet porte la particule d'objet –을/를.

a) Après un mot se terminant par une consonne, on emploie –을.
b) Après un mot se terminant par une voyelle, on emploie –를.

a) 미애 씨는 과일을 좋아해요. Miae aime les fruits.
b) 에릭 씨는 고기를 좋아해요. Eric aime la viande.

Omission de l'objet

Comme pour le sujet, l'objet de la phrase tombe fréquemment en coréen, à condition que l'objet omis soit facilement identifiable grâce au contexte. Typiquement, dans un échange de dialogue, l'omission de l'objet est fréquente dans les réponses ; très souvent, on répond en ne reprenant que le verbe, sans répéter son objet.

미애 씨는 운동 좋아해요? Aimez-vous le sport, Miae ?
네, (운동) 좋아해요. Oui, j'aime (le sport).

무슨 요일에 테니스 쳐요? Quel jour de la semaine jouez-vous au tennis ?
보통 일요일에 (테니스) 쳐요. D'ordinaire, je joue (au tennis) le dimanche.

Omission de –을/를

Comme c'est le cas également pour d'autres particules, la particule d'objet tombe très souvent:
운동(을) 좋아해요? Aimez-vous le sport ?
같이 테니스(를) 쳐요. Jouons au tennis ensemble.

Marque de négation 안

안 sert à formuler des phrases négatives. 안 se place immédiatement avant le verbe:
저는 테니스를 좋아해요. J'aime le tennis.
저는 테니스를 안 좋아해요. Je n'aime pas le tennis.
미애 씨는 자요. Miae dort.
미애 씨는 안 자요. Miae ne dort pas.

Verbe 하다

Comme le verbe copule 이다 (être), 하다 (faire) est un verbe irrégulier, qui ne se soumet pas aux règles normales de conjugaison.

Rappel sur la conjugaison au présent (style poli informel)

Règle générale:
La règle veut que l'on choisisse entre −아요 et −어요 pour la conjugaison au style poli informel, et au présent, en fonction de la dernière voyelle du radical verbal.

a) −아요 après un radical dont la dernière voyelle est ㅏ ou ㅗ,
b) −어요 sinon.

앉다:	앉− + −아요 →	앉아요.	(Il) s'asseoit.
먹다:	먹− + −어요 →	먹어요.	(Il) mange.

Verbe 이다:
On a vu que 이다 est un verbe irrégulier qui présente au style poli informel et au présent les deux formes −이에요/예요 ; le choix entre ces deux formes est déterminé par la dernière lettre du mot auquel il s'agglutine.

a) Après un mot se terminant par une consonne, on emploie −이에요.
b) Après un mot se terminant par une voyelle, on emploie −예요.

이다:	학생 + −이에요 →	학생이에요.	(Il) est étudiant.
	의사 + −예요 →	의사예요.	(Il) est médecin.

Conjugaison de 하다

Le verbe 하다 (faire) est également un verbe irrégulier, dont la forme conjuguée au style poli informel et au présent est 해요:

에릭 씨가 숙제를 해요.	Eric fait ses devoirs.
미애 씨가 운동을 해요.	Miae fait du sport.

En effet, lorsqu'il est suivi d'une conjonction ou d'une terminaison commençant par une voyelle, le radical 하− du verbe 하다 et des verbes formés avec 하다 (voir la rubrique suivante) devient 해− (et absorbe la voyelle):
피곤하− + −아요/어요 → 피곤해요
En revanche, le radical de 하다 (하−) ne change pas lorsqu'il est suivi d'une conjonction ou d'une terminaison commençant par une consonne:
피곤하− + −고 (et) → 피곤하고

Verbes formés avec 하다

Le verbe 하다 est un verbe très important en coréen. Il participe à la formation de nombreux verbes composés exprimant une activité...

일 (travail)	+ 하다	일하다	travailler
공부 (étude)	+ 하다	공부하다	étudier
숙제 (devoir)	+ 하다	숙제 하다	faire ses devoirs
운동 (sport)	+ 하다	운동 하다	faire du sport
쇼핑 (shopping)	+ 하다	쇼핑 하다	faire du shopping
정돈 (rangement)	+ 하다	정돈 하다	faire du rangement, etc.

comme à de nombreux verbes de qualité (d'état) construits à partir d'un nom d'origine chinoise:

피곤 (fatigue)	+ 하다	피곤하다	être fatigué
걱정 (inquiétude)	+ 하다	걱정하다	être inquiet
예민 (sensibilité)	+ 하다	예민하다	être sensible
건강 (santé)	+ 하다	건강하다	être robuste (en bonne santé)
영리 (intelligence)	+ 하다	영리하다	être intelligent
행복 (bonheur)	+ 하다	행복하다	être heureux
친절 (gentillesse)	+ 하다	친절하다	être gentil
다정 (affection)	+ 하다	다정하다	être affectueux
신속 (promptitude)	+ 하다	신속하다	être prompt
감사 (remerciement)	+ 하다	감사하다	être reconnaissant
편리 (commodité)	+ 하다	편리하다	être pratique, commode, etc.

Autres exemples:

똑똑하다	être intelligent
뚱뚱하다	être gros
깨끗하다	être propre
착하다	être bon, gentil

Remarque:
Pour les verbes d'état formés à partir de 하다, aucun blanc n'est toléré entre le nom et le verbe (le nom et le verbe forment un seul mot) ; en revanche, il peut y avoir un blanc entre le nom et le verbe pour les verbes d'activité formés à partir de 하다. Dans ce dernier cas, le nom peut même porter la particule d'objet.

<u>Position de la marque de négation 안 pour les verbes formés à partir de 하다:</u>
Pour mettre les verbes d'activité à la forme négative, la marque de négation 안 se place entre le nom et 하다:

일해요.	Il travaille.
일 안 해요.	Il ne travaille pas.
운동해요.	Il fait du sport.
운동 안 해요.	Il ne fait pas de sport.

Pour mettre les verbes d'état à la forme négative, la marque de négation 안 se place avant "nom+하다":

피곤해요.	Il est fatigué.
안 피곤해요.	Il n'est pas fatigué.
똑똑해요.	Il est intelligent.
안 똑똑해요.	Il n'est pas intelligent.

Certains verbes d'état formés avec 하다 peuvent difficilement se mettre à la forme négative.

Cas de contractions obligatoires

Dans la conjugaison au présent au style poil informel, on observe des cas de contractions/réductions obligatoires tant sur le plan phonologique qu'orthographique.

a) Le " ㅣ " du radical verbal et le " ㅓ " de −어요 se contractent en " ㅕ "
치다 (frapper): 쳐요 (치− + −어요)

b) Le "ㅗ" du radical verbal et le " ㅏ " de −아요 se contractent en "ㅘ"
보다 (voir): 봐요 (보− + −아요)

c) Le "ㅜ" du radical verbal et le " ㅓ " de −어요 se contractent en "ㅝ"
배우다 (apprendre): 배워요 (배우− + −어요)

d) Le "ㅚ" du radical verbal et le " ㅓ " de −어요 se contractent en "ㅙ"
되다 (devenir): 돼요 (되− + −어요)

e) Le " ㅏ " du radical verbal rencontre le " ㅏ " de −아요: un des deux tombe.
가다 (aller): 가요 (가− + −아요)

f) Le " ㅓ " du radical verbal rencontre le " ㅓ " de −어요: un des deux tombe.
서다 (s'arrêter): 서요 (서− + −어요)

Rappel sur les différents modes verbaux

Au style poli informel, les mêmes terminaisons verbales peuvent être employées pour les quatre modes, déclaratif, interrogatif, impératif, et propositif.
Dans le dialogue de la leçon, nous avons vu 좋아해요 dans une interrogative et une déclarative:

운동 좋아해요?	Aimez-vous le sport ?	[Interrogative]
네, 좋아해요.	Oui, j'aime le sport.	[Déclarative]

Nous avons également vu 쳐요 dans une interrogative, une déclarative, et une propositive:

무슨 요일에 테니스 쳐요?	Quel jour jouez-vous au tennis ?	[Interrogative]
보통 일요일에 쳐요.	Habituellement, je joue le dimanche.	[Déclarative]
같이 테니스 쳐요.	Jouons ensemble!	[Propositive]

Les jours de la semaine

월요일	lundi	(월 + 요일 = "lune" + "jour de la semaine")
화요일	mardi	(화 + 요일 = "feu" + "jour de la semaine")
수요일	mercredi	(수 + 요일 = "eau" + "jour de la semaine")
목요일	jeudi	(목 + 요일 = "bois" + "jour de la semaine")
금요일	vendredi	(금 + 요일 = "or" + "jour de la semaine")
토요일	samedi	(토 + 요일 = "terre" + "jour de la semaine")
일요일	dimanche	(일 + 요일 = "soleil" + "jour de la semaine")

주중 en semaine
주말 le week-end
어제 hier
오늘 aujourd'hui
내일 demain

Attention: pour dire "ce dimanche", en coréen, on ne dit pas *이 일요일 (mot-à-mot, ce dimanche), mais 이번 일요일 (mot-à-mot, cette fois dimanche).

Postposition temporelle -에

Les compléments circonstanciels de temps sont suffixés par la postposition temporelle 에.
일요일에 만나요. A dimanche ! [lit. rencontrons-nous dimanche]
Certains adverbes temporels ne portent pas la marque 에, comme 어제 (hier), 오늘 (aujourd'hui), 내일 (demain), 지금 (maintenant), etc.

Faire du sport

Les trois principaux verbes qui servent à exprimer la pratique d'une activité sportive en coréen sont 치다, 하다 et 타다.

치다 [frapper à l'aide d'un "outil" tenu dans les mains]
테니스 치다 jouer au tennis
배드민턴 치다 jouer au badminton
탁구 치다 jouer au ping-pong
골프 치다 jouer au golf

하다
수영하다 faire de la natation
등산하다 faire de la randonnée
야구하다 jouer au baseball
축구하다 jouer au football
배구하다 jouer au volley-ball
농구하다 jouer au basket-ball
요가하다 faire du yoga
조깅하다 faire du jogging

타다 [en montant sur quelque chose]
스키 타다 faire du ski
스케이트 타다 faire du patin à glace
자전거 타다 faire du vélo

Exprimer ce qu'on aime et ce qu'on n'aime pas

아주 좋아하다	aimer beaucoup
좋아하다	aimer
별로 안 좋아하다	ne pas aimer particulièrement (별로 = (pas) particulièrement)
안 좋아하다	ne pas aimer

저는 그 핸드폰을 아주 좋아해요.	J'aime beaucoup ce téléphone portable.
저는 겨울을 별로 안 좋아해요.	Je n'aime pas trop l'hiver.

EXERCICES

Exercice 1
Vous venez de convenir d'un rendez-vous pour samedi avec un collègue. Dites-lui "On se voit samedi !".

Exercice 2
Proposez à votre collègue de jouer au tennis ensemble ce week-end.

Exercice 3
Vous voulez savoir quel livre votre collègue est en train de lire. Posez-lui la question.

Exercice 4
Dites trois choses que vous aimez (beaucoup), et trois choses que vous n'aimez pas (trop).

Exercice 5
Afin de bien maîtriser la particule d'objet, dites à haute voix les mots suivants en y ajoutant rapidement la bonne particule, −을 ou −를:

영화	공책	피에르
휴지통	선생님	신문
스위스	컴퓨터	운동

Exercice 6
Conjuguez les verbes suivants au style poli informel au présent:

a) 미애 씨가 ___________. (오다)
b) 미애 씨가 ___________. (자다)
c) 미애 씨가 한국말을 ___________. (배우다)

Exercice 7
Dites les phrases suivantes en coréen, puis transformez-les à la forme négative:

a) Eric dort.
b) Miae est fatiguée.
c) Eric fait du shopping.

Exercice 8
Ordonnez les mots suivants pour former des phrases correctes:

a) 는, 보통, 에, 수요일, 수영해요, 저
b) 좋아해요, 를, 씨, 테니스, 마리, 는, 안
c) 이번, 만나요, 에, 그럼. 일요일

Exercice 9.
Repérez l'intrus:

a) 요가, 주말, 어제, 내일
b) 수영, 등산, 축구, 정말
c) 피곤, 운동, 걱정, 친절

LEÇON 4

'서래 마을'이 어디에 있어요?

Principaux objectifs de la leçon

Grammaire	**Expression**
1. les verbes irréguliers en "르" les verbes irréguliers en "—" 2. la marque de pluriel –들 3. les postpositions locatives –에 et –에서 4. la marque de politesse –요 5. la particule de possession –의	1. exprimer la localisation d'une entité ou d'une activité, la destination et la provenance 2. formuler des questions avec des interrogatifs comme 뭐 (quoi), 어디에 (où), 어떻게 (comment)... 3. s'excuser et pardonner

제4과 '서래 마을'이 어디에 있어요?

[plage9]

Dialogue 1 ***Eric demande à Miae si elle connaît Seorae Maeul, le quartier des français de Séoul...***

에릭 미애 씨, '서래 마을' 알아요?
미애 네, 알아요.
프랑스 사람들이 거기 많이 살아요. 그렇죠?
에릭 네, 맞아요.

Dialogue 2 ***Eric cherche à savoir comment se rendre à Seorae Maeul, car il doit y rencontrer un ami.***

에릭 그런데 서래 마을이 어디에 있어요?
미애 방배동에 있어요. 왜요?
에릭 친구가 서래 마을의 제과점에서 일해요.
오늘 그 친구를 만나요.
미애 아, 그래요?
에릭 미애 씨, 서래 마을에 어떻게 가요?
미애 저도 잘 몰라요. 미안해요.
에릭 괜찮아요.

✲ VOCABULAIRE

Dialogue 1

서래 마을	quartier des français à Séoul
마을	village, quartier
알아요 [알다]	savoir, connaître
뭐	quoi
이름	nom
프랑스 사람	un(e) français(e)
-들	marque de pluriel.
거기	là-bas
많이	beaucoup, nombreux
살아요 [살다]	vivre
그렇죠?	c'est bien cela, n'est-ce pas ?
맞아요 [맞다]	être correct

Dialogue 2

그런데	à propos, et, mais
어디에	où
어디	endroit
-에	à, dans
있어요 [있다]	exister, se trouver
왜	pourquoi
-요	marque de politesse
친구	ami(e)
-의	particule de possession
제과점	boulangerie
-에서	à, dans, de
일해요 [일하다]	travailler
오늘	aujourd'hui
그	ce
만나요 [만나다]	rencontrer
아, 그래요?	ah oui ?
어떻게	comment
가요 [가다]	aller
저도	moi aussi
잘	bien
몰라요 [모르다]	ignorer, ne pas savoir, ne pas connaître
미안해요 [미안하다]	être désolé
괜찮아요 [괜찮다]	ce n'est pas grave, ça ne fait rien

✲ GRAMMAIRE ET EXPRESSIONS

알다 / 모르다, et autres paires de verbes antonymes

서래 마을 알아요?	Connaissez-vous Seorae Maeul ?
김치 알아요?	Connaissez-vous le kimchi ?
최미애 씨 알아요?	Connaissez-vous Miae Choi ?

Le coréen dispose d'un antonyme pour le verbe 알다 (connaître, savoir), le verbe 모르다 (ne pas connaître, ne pas savoir, ignorer).

'서래 마을' 알아요?

-네, 알아요.	Oui, je connais.
-아니오, 몰라요.	Non, je ne connais pas.

Quelques verbes importants ont leur forme négative lexicalisée en coréen.

a. 알다 (connaître)	vs. 모르다 (ne pas connaître)
b. 있다 (exister, il y a)	vs. 없다 (ne pas exister, il n'y a pas)
c. -이다 (être)	vs. 아니다 (ne pas être)

a. 그 사람을 알아요. — Je connais cette personne.
그 사람을 몰라요. — Je ne connais pas cette personne.

b. 김치가 있어요. — Il y a du kimchi.
김치가 없어요. — Il n'y a pas de kimchi.

c. 학생이에요. — Il est étudiant.
학생이 아니에요. — Il n'est pas étudiant.

Attention: −이다 (être) est un verbe copule qui s'agglutine au complément qui le précède immédiatement (pas d'espace entre le nom 학생 et le copule 이에요).
아니다 en revanche est un verbe standard, qui ne s'agglutine pas au complément qui le précède. D'autre part, le complément qui le précède porte usuellement la particule de sujet, qui ne tombe pas en général.

저는 프랑스 사람이에요. — Je suis français.
저는 프랑스 사람이 아니에요. — Je ne suis pas français.

Verbes irréguliers en "르"

모르다 est un verbe irrégulier en "르".
Si le radical verbal se termine par "르", et qu'il est suivi d'une conjonction ou d'une terminaison commençant par une voyelle, comme −아/어요, alors la voyelle "faible" 으 est omise, et la consonne "ㄹ" est redoublée (ce qui, avec −아/어요 donne −라/러요).
Attention, le choix entre −라요 et −러요 dépend de la dernière voyelle du radical après omission de "ㅡ":

a) −라요:
모르다 (ignorer):
모르− + −아/어요 → 모ㄹ + −라요 → 몰라요

빠르다 (être rapide):
빠르− + −아/어요 → 빠ㄹ + −라요 → 빨라요

b) −러요:
부르다 (appeler):
부르− + −아/어요 → 불ㄹ + −러요 → 불러요

흐르다 (couler):
흐르− + −아/어요 → 흘ㄹ + −러요 → 흘러요

Verbes irréguliers en "ㅡ"

Les verbes dont le radical se termine par la lettre "ㅡ" (hormis ceux se terminant par la syllabe "르") sont appelés verbes Irréguliers en "ㅡ".

Lorsque la dernière voyelle d'un radical se termine par "—", cette voyelle "faible" disparaît au contact des conjonctions ou des terminaisons commençant par une voyelle, comme –아/어요. Attention, pour ces verbes également, le choix entre –아요 et –어요 dépend de la dernière voyelle du radical verbal subsistant après l'omission de "—":

바쁘다 (être occupé):
바쁘– + –아/어요 → 바ㅃ + –아요 → 바빠요

슬프다 (être triste):
슬프– + –아/어요 → 슬ㅍ + –어요 → 슬퍼요

예쁘다 (être joli):
예쁘– + –아/어요 → 예ㅃ + –어요 → 예뻐요

많이

많이 signifie "beaucoup de", ou "beaucoup".
Attention à la tournure "beaucoup de + Nom": en coréen, 많이 précède immédiatement le verbe (et non le nom comme en français), comme vous pouvez le voir dans les exemples suivants:

프랑스 사람들이 방배동에 많이 살아요.	Beaucoup de français vivent à "Bangbae-dong".
저는 친구들을 요즘 많이 만나요.	Je rencontre beaucoup d'amis ces jours-ci.
책이 많이 있어요.	Il y a beaucoup de livres.
많이 있어요.	Il y en a beaucoup.

Marque de pluriel –들

–들 est la marque de pluriel en coréen.
A la différence de la marque de pluriel en français, –들 en coréen est en général facultatif, notamment dans des contextes où la pluralité des entités en question est déjà assurée par le contexte ou par un autre élément de la phrase.

프랑스 사람들이 많이 살아요.	Beaucoup de français y vivent.
프랑스 사람이 많이 살아요.	Beaucoup de français y vivent.

Grâce à la présence de l'adverbe 많이 (beaucoup), qui exprime déjà la pluralité des français, la marque –들 peut tomber.

Donc attention, l'absence de la marque de pluriel sur un nom en coréen ne conduit pas automatiquement à une interprétation "au singulier" du nom en question.

저는 사과를 먹었어요.	"J'ai mangé une pomme" ou "des pommes" selon le contexte
책이 있어요.	"Il y a un livre" ou "des livres" selon le contexte

Note:
A la différence de la marque de pluriel "-s" en français, la marque de pluriel (PL) "–들" en coréen

peut également être portée par des adverbes, à condition que le sujet de la phrase soit au pluriel (au niveau du sens):

빨리들 와요.	Venez vite.	[lit. vite-PL venez]
어디들 가요?	Où allez-vous ?	[lit. où-PL allez]

Postposition locative -에

On a déjà vu que -에 peut être une postposition temporelle. C'est aussi une postposition locative. La postposition locative -에 a deux sens: soit elle marque la localisation dans l'espace d'une entité, soit elle exprime la destination.

Localisation d'une entité:

사과가 어디에 있어요?	Où sont les pommes ?
사과가 냉장고에 있어요.	Les pommes sont dans le frigo.

Destination:

어디에 가요?	Où allez-vous ?
저는 서울에 가요.	Je vais à Séoul.

Postposition locative -에서

La postposition locative -에서 a deux sens: soit elle marque la localisation dans l'espace d'une activité (ou d'un événement), soit elle exprime la provenance.

Localisation d'une activité:

어디에서 일해요?	Où travaille-t-il ?
제과점에서 일해요.	Il travaille dans une boulangerie.
집에서 숙제해요.	Il fait ses devoirs à la maison.

Provenance:

학교에서 돌아와요.	Il rentre de l'école.
어디에서 와요?	D'où vient-il ?
런던에서 와요.	Il vient de Londres.

Note: avec certains mots comme 어디 ou 거기, à l'oral, on peut omettre 에.

어디서 와요?	D'où vient-il ?
거기서 와요	Il vient de cet endroit-là.

-에 vs. -에서

En tant que marque de localisation dans l'espace, les deux postpositions -에 et -에서 ne s'emploient donc pas avec les mêmes types de verbes. -에 s'emploie avec des verbes d'état (exprimant la localisation d'une entité), tandis que -에서 s'emploie avec des verbes d'action (exprimant la localisation d'une activité ou d'un événement).

–에 + Verbe d'état (exister, se trouver, demeurer, etc.)
–에서 + Verbe d'action (la plupart des verbes: travailler, dormir, rencontrer, etc.)

Rappelons en plus de cela que –에 peut également marquer la destination et –에서 la provenance. Dans cet usage, –에 et –에서 s'emploient avec des verbes de déplacement (aller, venir, rentrer, etc.):

–에 (destination) + Verbe de déplacement (aller, arriver, monter, etc.)
–에서 (provenance) + Verbe de déplacement (venir, rentrer, revenir, etc.)

Quelques exemples:

사무실에 가요.	Il va au bureau.
사무실에 있어요.	Il est au bureau.
사무실에서 일해요.	Il travaille au bureau.
사무실에서 돌아와요.	Il rentre du bureau.

Remarque:
Le verbe 살다 "vivre, habiter" accepte exceptionnellement les deux postpositions –에 et –에서.

한국에(서) 살아요. Il vit en Corée.

Marque de politesse –요

Dans le dialogue 2, 왜요? signifie "pourquoi ?" de façon affable (forme polie non formelle). En l'absence de –요 (i.e. simplement 왜?), la phrase sonnerait trop familière et malpolie.
–요 peut s'attacher à d'autres types de constituants de la phrase.

어디요?	Où ?
여기에요.	Ici.
뭐요?	Quoi ?
이거요.	Ceci.

On a également vu dans la première leçon:

에릭 씨는요? Et vous, Eric ?
etc.

Particule de possession –의

–의 est la particule de possession au sens large. Elle s'emploie pour exprimer une relation de possession entre deux noms, mais elle s'emploie également pour exprimer une relation de localisation d'une entité dans un lieu. Dans les deux cas, l'ordre correct est Possesseur + Possédé, et Localisant + Localisé, inversement au français.

Possesseur + Possédé:

에릭 씨 –의 볼펜 (에릭 씨의 볼펜)
le stylo d' Eric

Localisant + Localisé:

서래 마을 –의 제과점 (서래 마을의 제과점)
boulangerie de Seorae Maeul

A la différence des autres particules (de thème, de sujet et d'objet), la particule de possession n'a qu'une seule forme, indifféremment de la dernière lettre (consonne ou voyelle) du mot auquel elle s'attache.

Omission de –의

Comme les autres particules vues jusqu'ici, la particule de possession –의 est souvent omise à l'oral:

마리의 차	la voiture de Marie
마리 차	la voiture de Marie

거기 et 그, pour désigner un endroit ou un objet absent

Nous avons déjà vu que 거기 (là, cet endroit-là) et 그 (ce ...-là) peuvent désigner quelque chose se trouvant près de l'interlocuteur (et plus près de l'interlocuteur que du locuteur). Selon la proximité relative de ce qui est désigné par rapport au locuteur et à l'interlocuteur, on a vu qu'on doit choisir entre 이, 그 et 저 (ou entre 여기, 거기, et 저기).

Pour désigner un endroit ou un objet qui n'est pas physiquement présent au moment de la conversation, on ne se préoccupe pas de ce critère de proximité, on utilise systématiquement 거기, et 그.

프랑스 사람들이 거기 많이 살아요.	Beaucoup de français vivent là-bas.
오늘 그 친구를 만나요.	Je rencontre cet ami aujourd'hui.

Mots servant à exprimer une localisation

위에	sur	[lit. dessus + à]
아래(에)	sous	[lit. dessous + à]
옆에	à côté de	[lit. côté + à]
근처에	près de	[lit. voisinage, proximité + à]
오른쪽에	à droite de	[lit. droite + à]
왼쪽에	à gauche de	[lit. gauche + à]
앞에	devant	[lit. devant + à]
뒤에	derrière	[lit. derrière + à]
맞은편에	en face de	[lit. côté opposé, l'autre côté + à]

리모컨이 <u>텔레비전 앞에</u> 있어요.	La télécommande est <u>devant la télé</u>.
꽃병이 <u>탁자 위에</u> 있어요.	Le vase est <u>sur la table</u>.

Avec des verbes d'état, tous ces mots sont suivis de la postposition –에, mais avec des verbes décrivant une activité, on doit bien sûr utiliser la postposition –에서 (voir la distinction entre –에 et –에서 dans cette leçon): 위에서 (sur), 아래에서 (sous), 오른쪽에서 (à droite de), etc.

<u>극장 앞에서</u> 만나요.	Ils se rencontrent <u>devant le cinéma</u>.
<u>나무 아래에서</u> 책 읽어요.	Il lit un livre <u>sous un arbre</u>.

Autres mots ou expressions utiles

Quelques verbes...
d'état:

있다	exister, il y a, se trouver
머무르다	rester, demeurer

de déplacement:

가다	aller
오다	venir
들르다	passer
돌아오다	rentrer

d'activité:

(잠)자다	dormir
먹다	manger
일하다	travailler
이야기 하다	discuter
만나다	rencontrer
보다	regarder, voir
듣다	écouter, entendre
사다	acheter
걷다	marcher
물어보다	demander, poser une question
전화하다	téléphoner
편지 쓰다	écrire une lettre
이메일 보내다	envoyer un mail

EXERCICES

Exercice 1

Vous avez rendez-vous avec un collègue, qui arrive en retard. Que dites-vous pour lui pardonner ou pour lui montrer que vous n'êtes pas fâché ?

Exercice 2

Votre collègue vous raconte son escapade du week-end, mais vous n'avez pas bien entendu l'endroit où il est allé. Demandez-lui "Où (ça)?"

Exercice 3

Dites les phrases suivantes en employant l'adverbe 많이 (beaucoup):

a) Beaucoup d'étudiants viennent.
b) Il y a beaucoup de pommes dans le frigo.
c) Je regarde beaucoup de films.

Exercice 4

Un de vos collègues apprend le coréen comme vous. Vous remarquez dans son cahier des phrases contenant une ou plusieurs fautes. Corrigez-les:

a) 오늘 영화를 봐요. 저 영화는 미국 영화예요.
b) 토요일 친구랑 카페에 만나요.
c) 저는 서래 마을 안 알아요.
d) 극장 앞에 만나요.

Exercice 5

Complétez les phrases suivantes, en choisissant entre -에 et -에서:

a) 서울_____ 살아요.
b) 집_____ 있어요.
c) 도서관_____ 가요. 도서관 = bibliothèque
d) 도서관_____ 잠자요.
e) 식당_____ 저녁 먹어요. 식당 = restaurant
f) 식당_____ 돌아와요.
g) 파리_____ 머물러요.
h) 파리_____ 일해요.

Exercice 6

Conjuguez les verbes suivants au style poli informel au présent:

a) 미애 씨가 에릭 씨를 ___________. (부르다)
b) 미애 씨는 걸음이 ___________. (빠르다) 걸음 = les pas
c) 미애 씨는 ___________. (기쁘다) 기쁘다 = être content
d) 그 영화는 ___________. (슬프다)

Exercice 7

Dites où se trouve votre téléphone portable.

Le téléphone portable se trouve ___________ *la table.* 핸드폰/휴대전화 = téléphone portable

a) sur
b) sous
c) à côté de
d) devant
e) derrière

Exercice 8

Ordonnez les mots suivants pour former des phrases correctes:

a) 에, 돌아와요, 에서, 한 시, 도서관, 보통
b) 식당, 을, 먹어요, 에서, 밥
c) 집, 있어요?, 지금, 에, 누가

Exercice 9

Repérez l'intrus:

a) 없다, 모르다, 보다, 아니다
b) 어떻게, 뭐, 왜, 잘
c) 만나요, 가요, 들러요, 와요

LEÇON 5

만수 씨 전화번호 알아요?

Principaux objectifs de la leçon

Grammaire	**Expression**
1. les numéraux coréens et sino-coréens, et leurs usages	1. téléphoner
2. les classificateurs	2. utiliser les numéraux: donner son âge, l'heure, un prix, compter, etc.
3. -한테 et -한테서	3. exprimer une envie (-고 싶다)

제5과 만수 씨 전화번호 알아요?

[plage10]

Dialogue 1 ***Eric a égaré le numéro de téléphone de son ami Mansu. Il décide d'appeller Miae pour qu'elle le lui donne...***

에릭 여보세요?
미애 네, 여보세요?
에릭 안녕하세요? 미애 씨. 저 에릭이에요.
미애 아, 에릭 씨, 안녕하세요?
에릭 미애 씨, 혹시 만수 씨 전화번호 알아요?
미애 네, 알아요. 왜요?
에릭 만수 씨한테 자전거가 두 대 있어요.
한 대 빌리고 싶어요.
미애 그래요?
전화번호가 수첩에 있어요. 잠깐만요.

Dialogue 2 ***après quelques instants, Miae revient avec son carnet d'adresses.***

미애 여보세요?
에릭 네
미애 만수 씨 전화번호는 02-2275-3948이에요.
에릭 02에 2275에,...
미애 그 다음엔 3948.
에릭 02-2275-3948. 맞아요?
미애 네, 맞아요.
에릭 고마워요, 미애 씨.
미애 뭘요.

✲ VOCABULAIRE

Dialogue 1

여보세요	allô !
아	interjection: ah! oh!
혹시	par hasard
전화	téléphone
번호	numéro
알아요 [알다]	connaître, savoir
-한테	à, chez

자전거	vélo
두 [둘]	deux
대	classificateur (pour les véhicules, machines...)
있어요 [있다]	exister, il y a, avoir
한 [하나]	un
빌리- [빌리다]	emprunter
-고 싶어요 [-고 싶다]	vouloir, avoir envie de, souhaiter
그래요?	ah oui ?
수첩	petit carnet
잠깐만요	un instant, s'il vous plaît

Dialogue 2

그 다음엔	puis [contraction de *그 다음에* (puis) + *는* (quant à)]
맞아요 [맞다]	être correct
고마워요 [고맙다]	merci
뭘요	de rien, il n'y a pas de quoi

✲ GRAMMAIRE ET EXPRESSIONS

Les numéraux

Il existe deux systèmes de numéraux cardinaux en coréen: les numéraux d'origine sino-coréenne et les numéraux d'origine purement coréenne. Les deux types de numéraux ne s'emploient pas dans les mêmes cas. Par exemple, pour les numéros de téléphone, on emploie les numéraux sino-coréens, mais pour compter des objets, on emploie les numéraux coréens.

Numéraux sino-coréens de 1 à 10:

1	2	3	4	5	6	7	8	9	10
일	이	삼	사	오	육	칠	팔	구	십

Les numéraux sino-coréens s'utilisent en particulier pour:

a. les numéros de téléphone,
b. les dates,
c. les minutes et les secondes,
d. les prix,
e. les numéros de bus, ou de ligne de métro, etc.

a. les numéros de téléphone:

02-2275-3948 공이에 이이칠오에 삼구사팔

A noter: dans les numéros de téléphone, le tiret "—" se lit "에", et le chiffre "0" se lit 공.

제 전화번호는 06-9254-6701이에요.

제 전화번호는 "공육에 구이오사에 육칠공일"이에요.
Mon numéro de téléphone est le 06-9254-6701.

b. <u>les dates:</u>

5월 1일 (오 월 일 일) le 1er Mai [lit. 5 mois 1 jour]
제 생일은 사월 삼 일이에요. Je suis né le 3 avril [lit. mon anniversaire est le 4 mois 3 jour].
Les mois de l'année et les dates sont présentés dans la leçon suivante.

c. <u>les minutes et les secondes:</u>

2초 (이 초) 2 secondes
오 분 후에 돌아와요. Il revient dans 5 minutes.

d. <u>les prix:</u>

10원 (십 원) 10 Wons
칠 유로예요. Ca fait 7 Euros.

e. <u>les numéros de bus, ou de ligne de métro, etc.:</u>

지하철 3호선 (지하철 삼 호선) métro ligne 3
저는 오 호선을 타요. Je prends la ligne 5.

Numéraux coréens de 1 à 10:

1	2	3	4	5	6	7	8	9	10
하나	둘	셋	넷	다섯	여섯	일곱	여덟	아홉	열

Attention, en combinaison avec un nom (voir les exemples plus bas), les chiffres coréens de 1 à 4 (ainsi que les autres nombres se terminant par l'un de ces chiffres) changent légèrement de forme.
하나 (1) devient 한
둘 (2) devient 두
셋 (3) devient 세
넷 (4) devient 네
En fait, pour ces numéraux, la dernière lettre tombe.

Les numéraux coréens s'utilisent en particulier pour:
a. compter les objets, les gens, etc.
b. donner son âge,
c. donner l'heure (attention, les unités des heures seulement).

a. <u>pour compter:</u>

커피 10잔 (커피 열 잔) dix tasses de café [lit. café dix tasses]
저는 자전거가 두 대 있어요. J'ai 2 vélos.

b. <u>donner son âge:</u>

6살 (여섯 살) 6 ans
저 아이는 열 살이에요. Cet enfant a 10 ans.

c. <u>indiquer l'heure (les unités des heures seulement):</u>

3시 (세 시)	3 heures
네 시예요.	Il est 4 heures.

On a vu que pour donner l'heure, on doit utiliser les numéraux coréens pour les unités des heures et les numéraux sino-coréens pour les minutes et les secondes.

2시 5분이에요.	Il est 2 (numéral coréen) heures et 5 (numéral sino-coréen) minutes.

두 시 오 분이에요.

Les classificateurs

Pour quantifier des entités non dénombrables comme le vin ou le café, on recourt à des noms de mesure comme "bouteille" ou "tasse" en coréen, comme en français.

포도주 10병	dix bouteilles de vin [lit. vin dix bouteilles]

Une des différences remarquables entre les deux langues réside en revanche dans l'emploi quasi systématiquement obligatoire en coréen d'une unité de compte, appelée classificateur dans un contexte de dénombrement. Par exemple, pour compter des vélos en coréen, on a besoin d'employer le classificateur adapté pour le comptage des moyens de transport, qui est –대, alors que la présence d'un tel élément est totalement inutile en français.

L'ordre de base est (nom à dénombrer + numéral + classificateur):

nom	numéral	classificateur
자전거	두	대

[lit. vélo deux unités]
deux vélos

<u>Quelques classificateurs courants:</u>

Voici une liste non-exhaustive des classificateurs les plus usuels en coréen.

a. Pour compter des personnes, on utilise le classificateur 명
b. Pour compter des animaux, on utilise le classificateur 마리
c. Pour compter de petits objets (3 dimensions), on utilise le classificateur 개
d. Pour compter de longs objets cylindriques, on utilise le classificateur 자루
e. Pour compter des feuilles (2 dimensions), on utilise le classificateur 장
f. Pour compter des moyens de transport ou des machines, on utilise le classificateur 대, etc.

a. 학생 세 <u>명</u> [lit. étudiant trois unités]	trois étudiants
b. 개 세 <u>마리</u> [lit. chien trois unités]	trois chiens
c. 지우개 세 <u>개</u> [lit. gomme trois unités]	trois gommes
d. 연필 세 <u>자루</u> [lit. crayon trois unités]	trois crayons
e. 종이 세 <u>장</u> [lit. feuille trois unités]	trois feuilles

f. 차 세 대 — trois voitures
[lit. voiture trois unités], etc.

Le nom à dénombrer peut porter une particule (de thème, de sujet ou d'objet):
자전거가 두 대 있어요. — Il y a deux vélos.
사과를 두 개 사요. — Il achète deux pommes.

Questions/réponses:
a. 학생이 몇 명 있어요? — Combien y a-t-il d'étudiants ?
학생이 세 명 있어요. — Il y a trois étudiants.
b. 연필이 몇 자루 있어요? — Combien y a-t-il de crayons ?
연필이 세 자루 있어요. — Il y a trois crayons.

Omission du nom à dénombrer

Comme en français, le nom à dénombrer peut être omis si le contexte nous indique clairement de quel nom il s'agit. Mais on doit conserver le classificateur, qui ne peut pas être omis.
Dans la phrase 한 대 빌리고 싶어요 du dialogue 1, on a pu omettre le nom 자전거 (vélo) spécifié par le contexte, mais on ne peut pas omettre le classificateur 대 qui reste solidaire du numéral 한.
(자전거) 한 대 빌리고 싶어요. — Je souhaite en emprunter un.

On peut typiquement omettre le nom à dénombrer (mais pas le classificateur!) dans les questions-réponses:
a. 학생이 몇 명 있어요? — Combien y a-t-il d'étudiants ?
세 명 있어요. — Il y en a trois.
b. 연필이 몇 자루 있어요? — Combien y a-t-il de crayons ?
세 자루 있어요. — Il y en a trois.

Plus de numéraux...

Numéraux d'origine sino-coréenne de 1 à 50:

1	2	3	4	5	6	7	8	9	10
일	이	삼	사	오	육	칠	팔	구	십
11	12	13	14	15	16	17	18	19	20
십일	십이	십삼	십사	십오	십육	십칠	십팔	십구	이십
21	22	23	24	25	26	27	28	29	30
이십일	이십이	이십삼	이십사	이십오	이십육	이십칠	이십팔	이십구	삼십
31	32	33	34	35	36	37	38	39	40
삼십일	삼십이	삼십삼	삼십사	삼십오	삼십육	삼십칠	삼십팔	삼십구	사십
41	42	43	44	45	46	47	48	49	50
사십일	사십이	사십삼	사십사	사십오	사십육	사십칠	사십팔	사십구	오십

*Note: le chiffre sino-coréen 6 se prononce de deux façons, 육 et 륙 ; on dit 육 en début de mot, et 륙 ailleurs.

60	육십	
70	칠십	
80	팔십	
90	구십	
100	백	
1,000	천	(la virgule sert de séparateur pour les multiples de 1000)
10,000	만	
100,000	십만	(10 fois 10,000)
1,000,000	백만	(100 fois 10,000)
10,000,000	천만	(1000 fois 10,000)
100,000,000	억	

L'unité monéitaire coreenne est le Won, 원, noté ₩.

100원	백 원	"100 Wons"	₩100
1,000원	천 원	"1,000 Wons"	₩1,000
2,000원	이천 원	"2,000 Wons"	₩2,000
50,000원	오만 원	"50,000 Wons"	₩50,000 etc.

Numéraux d'origine coréenne de 1 à 50:

1	2	3	4	5	6	7	8	9	10
하나	둘	셋	넷	다섯	여섯	일곱	여덟	아홉	열
11	12	13	14	15	16	17	18	19	20
열하나	열둘	열셋	열넷	열다섯	열여섯	열일곱	열여덟	열아홉	스물
21	22	23	24	25	26	27	28	29	30
스물하나	스물둘	스물셋	스물넷	스물다섯	스물여섯	스물일곱	스물여덟	스물아홉	서른
31	32	33	34	35	36	37	38	39	40
서른하나	서른둘	서른셋	서른넷	서른다섯	서른여섯	서른일곱	서른여덟	서른아홉	마흔
41	42	43	44	45	46	47	48	49	50
마흔하나	마흔둘	마흔셋	마흔넷	마흔다섯	마흔여섯	마흔일곱	마흔여덟	마흔아홉	쉰

puis:

60	예순
70	일흔
80	여든
90	아흔

Au-delà de 99, on utilise les numéraux sino-coréens (en coréen moderne, on n'emploie plus de numéraux d'origine purement coréenne au-delà de 99).

–한테

–한테 (à, chez) s'emploie exclusivement avec des noms dénotant des êtres humains.

Dans le sens de "à":
친구한테 편지를 보내요. Il envoie une lettre à un ami.
Dans le sens de "chez": tournure A–한테 B–이/가 있다
A–한테 B–이/가 있다 signifie "A possède B" (mot à mot, 'chez' A, il y a B).

미애 씨한테 오빠가 있어요. Miae a un grand frère.
만수 씨한테 자전거가 두 대 있어요. Mansu a deux vélos.
저한테 돈이 있어요. J'ai de l'argent.

Dans cette tournure, on peut remplacer –한테 par –이/가.

–한테서

On vient de voir que –한테 peut marquer la destination ("à") avec des noms dénotant des êtres humains. On utilise –한테서 pour exprimer la provenance (toujours avec des noms dénotant des êtres humains).
친구한테 전화해요. Il téléphone à un ami.
친구한테서 편지를 받아요. Il reçoit une lettre d'un ami.

–고 싶다

Attaché au radical verbal, –고 싶다 s'emploie pour exprimer un souhait, une envie.
–고 싶다 est plutôt utilisé dans les déclaratives à la première personne, ou dans les interrogatives à la deuxième personne. Dans les autres cas, on utilise plutôt –고 싶어하다.

자전거 한 대 빌리고 싶어요. Je veux (lui) emprunter un vélo.
영화 보고 싶어요? Vous avez envie de regarder un film ?
에릭 씨는 냉면 먹고 싶어해요. Eric veut manger des nouilles froides.

Expressions utiles au téléphone

여보세요.	allô !
미애 씨 있어요?	Miae est là ?
미애 씨 좀 바꿔 주세요.	Puis-je parler à Miae ? [lit. Passez-moi Miae, s'il vous plaît]
실례지만, 누구세요?	Excusez-moi, mais qui est à l'appareil ?
잠깐만요.	Un instant, s'il vous plaît.
미애 씨 지금 없어요.	Miae n'est pas là pour le moment.
언제 돌아와요?	Quand rentre-t-il/elle ?
나중에 다시 걸게요.	Je rappellerai plus tard.
잘 안 들려요.	Je ne vous entends pas bien.

바꿔 주세요 [바꿔주다]	passer quelqu'un au téléphone
언제	quand
돌아와요 [돌아오다]	rentrer, revenir

나중에	plus tard, ultérieurement
다시	de nouveau
걸게요 [걸다]	téléphoner (synonyme de 전화하다)

Autres mots ou expressions utiles

Moyens de transport:

자전거(로)	(en) vélo
자동차(로) ou 차(로)	(en) voiture
지하철(로)	(en) métro
버스(로)	(en) bus
택시(로)	(en) taxi
비행기(로)	(en) avion
기차(로)	(en) train
배(로)	(en) bateau
걸어서	à pied

EXERCICES

Exercice 1

Le téléphone sonne. Une voix que vous ne connaissez pas vous demande au téléphone. Avant de vous engager dans une conversation, vous voulez d'abord savoir qui est à l'appareil. Que dites-vous ?

Exercice 2

Le téléphone sonne de nouveau. Vous décrochez. Un ami de votre petit frère demande s'il peut lui parler. Mais votre frère est sorti. Que répondez-vous au téléphone ? (Le prénom de votre petit frère est Young-su.)

Exercice 3

Fixez un rendez-vous à quelqu'un le 3 mai, à 10h15 dans votre bureau.

Exercice 4

Mettez le numéral et le classificateur adaptés:

	Nom	numéral	classificateur
a) *trois amis*	친구	_____	_____
b) *cinq pommes*	사과	_____	_____
c) *dix voitures*	차	_____	_____
d) *deux stylos*	볼펜	_____	_____

Exercice 5

Complétez les phrases suivantes, en choisissant entre －한테 et －한테서:

a) 친구_____ 편지를 받아요.
b) 친구_____ 편지를 써요.
c) 동생_____ 용돈을 줘요. 용돈 = argent de poche
d) 형_____ 물어봐요. 물어보다 = demander
e) 친구_____ 자전거를 빌려요. 빌리다 = emprunter
f) 친구_____ 자전거를 빌려줘요. 빌려주다 = prêter

Exercice 6

Lisez les nombres suivants en coréen:

a) 29
b) 548
c) 1,800
d) 50,000,000

Exercice 7

Ordonnez les mots suivants pour former des phrases correctes:

a) 알아요?, 씨, 번호, 폴, 혹시, 전화
b) 한테, 대, 차, 친구, 가, 두, 있어요
c) 싶어요, 에, 저, 보, 토요일, 는, 영화, 고

Exercice 8

Repérez l'intrus:

a) 돈, 자전거, 지하철, 버스
b) 스물하나, 셋, 십오, 아홉
c) 나중에, 이따가, 지금, 거기

LEÇON 6

5월 6일에 시간 있어요?

Principaux objectifs de la leçon

Grammaire

1. les négations avec 안 et 못
2. les verbes irréguliers en "ㅎ"
3. les pronoms et leurs équivalents

Expression

1. fixer un rendez-vous
2. donner la date et l'heure
3. exprimer sa disponibilité avec les verbes 되다 ou 괜찮다
4. demander un avis avec le verbe 어떻다

제6과 5월 6일에 시간 있어요?

[plage11]

Dialogue 1 *C'est bientôt l'anniversaire d'Eric. Eric demande à Miae si elle est disponible...*

에릭 미애 씨, 5월 6일 저녁에 시간 있어요?
미애 5월 6일이 무슨 요일이에요?
에릭 목요일이에요.
미애 네, 시간 있어요. 왜요?
에릭 5월 6일이 제 생일이에요.

Dialogue 2 *Miae demande à Eric ce qu'il compte faire pour son anniversaire...*

미애 아하, 그래서 생일 파티해요?
에릭 생일 파티가 아니에요. 그냥 저녁 식사해요.
미애 지선 씨도 와요?
에릭 아니요. 지선 씨는 못 와요.
하지만 다른 친구들이 와요.

Dialogue 3 *Eric et Miae conviennent d'une heure pour le dîner.*

미애 몇 시쯤 모여요?
에릭 한 여섯 시쯤, 어때요?
미애 저는 여섯 시는 안 돼요. 일곱 시 반 정도는 돼요.
에릭 그럼 저희 집에서 일곱 시 반에 만나요.
미애 알았어요. 그 때 만나요.

✲ VOCABULAIRE

Dialogue 1

저녁	soir, soirée
시간	temps
무슨	quel
요일	jour de la semaine
목요일	jeudi
제	mon, ma, mes
생일	anniversaire

Dialogue 2

아하	interjection: Ah, je vois...
그래서	c'est pourquoi
파티	fête
아니에요 [아니다]	ne pas être
그냥	simplement, comme ça, sans raison particulière
식사해요 [식사하다]	prendre le repas
-도	aussi
못	marque de négation (impossibilité)
하지만	mais
다른	autre, différent
친구	ami
-들	marque de pluriel
와요 [오다]	venir

Dialogue 3

몇	quel
시	heure
쯤	à peu près, environ
모여요 [모이다]	se réunir, se rassembler
한	approximativement
여섯 시	six heures
어때요? [어떻다]	c'est comment ?
안	marque de négation
돼요 [되다]	être possible, convenir
반	la moitié, et demi
정도	environ
저희	nous, notre, nos (forme polie)
집	maison
만나요 [만나다]	rencontrer
알았어요 [알다]	entendu!
그 때	ce moment-là

✲ GRAMMAIRE ET EXPRESSIONS

La négation: 안 vs. 못

안 et 못 sont deux marques de négation en coréen. Ces marques se positionnent devant le verbe pour rendre la phrase négative.

a. 안 marque soit une négation "neutre" (ne ... pas), soit une négation de "non-volition" (ne pas vouloir ...),

b. 못 marque une négation "d'impossibilité" (ne pas pouvoir ...).

a. 미애 씨는 음식을 안 해요.

Miae ne fait pas la cuisine. [car elle ne veut pas, ou simplement parce qu'elle n'y pense pas par exemple]
b. 미애 씨는 음식을 못 해요.
Miae ne fait pas la cuisine. [car elle ne peut pas: elle n'a jamais appris par exemple]

a. 미애 씨는 프랑스말을 안 해요.
Miae ne parle pas français. [car elle ne veut pas: pour forcer Eric à parler en coréen, par exemple]
b. 미애 씨는 프랑스말을 못 해요.
Miae ne parle pas français. [car elle ne peut pas: elle n'a jamais appris par exemple]

Dans les dialogues 2 et 3:

저는 여섯 시는 <u>안</u> 돼요.	6h, ça ne me convient pas. (négation simple)
지선 씨는 <u>못</u> 와요.	Jiseon ne peut pas venir.

Note: 못 ne s'emploie qu'avec des verbes d'action. L'usage de 못 avec des verbes d'état comme 예쁘다 (être joli), 피곤하다 (être fatigué), etc. est impossible.

저희

저희 est un pronom qui veut dire littéralement "nous, notre, nos" (voir plus bas un récapitulatif des pronoms personnels). C'est la forme polie de 우리.
저희 et 우리 peuvent aussi signifier "mon, ma, mes" dans certains contextes: ainsi, dans le dialogue, pour dire "ma maison, chez moi", Eric dit 저희 집 (lit. "notre maison"), et non 제 집 (lit. "ma maison"), même s'il est le seul occupant du lieu.

Notons à cette occasion que le terme 집 (maison) est un terme général qui peut englober 단독주택 (maison individuelle), 아파트 (appartement), etc.

Autre exemple:
저희 부모님 (forme polie)
우리 부모님 (forme neutre)
mes parents (littéralement "nos parents", même si on est enfant unique)

Les pronoms personnels

De manière générale, le coréen fait un usage beaucoup plus limité des pronoms que le français. Dans la plupart des cas, les pronoms sont omis, à moins que cette omission rende la phrase ambiguë. Dans certains contextes, nous verrons que l'emploi d'un pronom personnel est même impossible.

		familier	poli
1ère pers.	sg.	나 (je)	저 (je, forme humble)
	pl.	우리 (nous)	저희 (nous, forme humble)

		familier	poli
2e pers.	sg.	너 (tu)	–
	pl.	너희 (vous)	–

		3e pers. "neutre"	3e pers. "honorable"
3e pers.	sg.	그 (il), 그녀 (elle), à l'écrit. 그 사람 (il/elle), etc.	그 분 (il/elle), etc.
	pl.	그들 (ils), 그녀들 (elles), à l'écrit. 그 사람들 (ils/elles), etc.	그 분들 (ils/elles), etc.

Remarques

Concernant les pronoms à la 1ère et 2e personnes du singulier:

a) Avec la particule de sujet –가, on utilise les formes 내, 제, 네:
   내가, 제가, 네가
   Note: 내가 et 네가 se prononcent quasiment de la même façon. Pour éviter toute confusion, 네가 se prononce [니가].

b) Dans les autres cas, on utilise les formes 나, 저, 너:
   나는 (forme contractée: 난), 저는 (forme contractée: 전), 너는 (forme contractée: 넌),
   나한테 (à moi), 저한테 (à moi, poli), 너한테 (à toi)
   나, 저, 너...

Concernant les pronoms à la 1ère et 2e personnes du pluriel:

Pour dire "nous", ou "vous", on peut ajouter la marque de pluriel –들: 우리들 (nous), 저희들 (nous, poli), 너희들 (vous).

Concernant la forme polie à la 2e personne:

Comme vous pouvez le constater, il n'y a pas de pronom pour la forme polie à la 2e personne (l'équivalent du "vous" en français).

En réalité, il existe une forme polie de 너 (tu, toi): 당신 (vous). Mais 당신 ne s'utilise que rarement, dans des contextes bien spécifiques. Par exemple, 당신 peut s'employer entre époux et épouse (terme affectueux) ; parfois aussi, certains coréens l'emploient lorsqu'ils s'adressent à un étranger, car pour eux 당신 est une sorte de traduction mot-à-mot la plus proche du "vous" français, ou du "you" (poli) anglais.

Exemples:

une femme s'adressant à son mari:

당신 저녁 했어요? Chéri, avez-vous dîné ?

un coréen s'adressant à un étranger:

당신은 캐나다 사람이에요?	Etes-vous canadien ?

Comme le coréen ne dispose pas de véritable pronom pour la forme polie à la 2e personne, on a recours à des formules comme "prénom/nom complet + –씨 ou bien "nom de famille/nom complet + titre approprié", comme "professeur", "docteur", etc.

Exemples:

en s'adressant à Antony:

안토니 씨는 캐나다 사람이에요?	Etes-vous canadien ?

en s'adressant au Dr. Kim:

김 박사님은 내일 오세요?	Venez-vous demain ?

Eric, en s'adressant à Miae:

저 배고파요. 미애 씨는요?	J'ai faim. Et vous ?

Ici, ne dites pas 당신은요? pour dire "et vous ?".

Concernant les pronoms à la 3e personne:

그 (il), 그녀 (elle), 그들 (ils), 그녀들 (elles) peuvent s'utiliser à l'écrit, mais à l'oral, on évite de dire simplement "il(s)" ou "elle(s)". On recourt à des formules comme "cette personne" ou "ces personnes":

그 사람 (cette personne), 그 사람들 (ces personnes), 그 분 (cette personne "honorable"), 그 분들 (ces personnes "honorables").

On peut également recourir à des dénominations plus précises comme 그 여자 (cette femme), 그 학생 (cet étudiant), 그 자식 (ce type), etc.

Les pronoms possessifs

내 차	ma voiture	(forme familière)
제 차	ma voiture	(forme polie)
네 차	ta voiture	(forme familière), se prononce [니 차]
그 사람 차	sa voiture	(3e personne "neutre") [lit. la voiture de cette personne]
그 분 차	sa voiture	(3e personne "honorable") [lit. la voiture de cette personne "honorable"]
우리 차	notre voiture	(forme familière)
저희 차	notre voiture	(forme polie)
너희 차	votre voiture	(forme familière)
그 사람들 차	leur voiture	(3e personne "neutre")
그 분들 차	leur voiture	(3e personne "honorable")

Pour "mes, tes, ses, nos, vos, leurs", il suffit d'attacher la marque de pluriel –들 sur le nom possédé:

내 차들	mes voitures	(forme familière)
우리 차들	nos voitures	(forme familière), etc.

Pour la forme polie à la deuxième personne, comme pour les pronoms personnels, plutôt que d'utiliser des pronoms, on utilise le prénom ou le nom complet suivi de 씨, ou un titre approprié.

Ainsi, pour dire "votre voiture", en s'adressant à son professeur on dirait:

선생님 차 [lit. la voiture du professeur]

et en s'adressant à sa collègue Miae, on dirait:

미애 씨 차 [lit. la voiture de Miae]

Exemple (en s'adressant à sa collègue Miae):
제 차는 여기에 있어요. 미애 씨 차는 어디에 있어요?
Ma voiture est ici. Et votre voiture, elle est où ?

Il est vrai que cette tournure est un peu surprenante en français: on ne dirait pas "la voiture de Miae" en s'adressant à Miae!

Les dates

Pour dire la date en coréen, il faut inverser complètement l'ordre des mots par rapport au français, car en coréen, les dates sont données dans l'ordre de l'élément temporel le plus long vers l'élément temporel le plus court.

Pour dire "vendredi 8 Mai 2009", on dit "2009년 , 5월 8일 금요일".

	Année	Mois	Jour	Jour de la semaine
	2009년	5월	8일	금요일
lit.	2009 année	5 mois	8 jour	vendredi

Avec les dates, on emploie les numéraux sino-coréens ; l'exemple ci-dessus se prononce donc:

이천구 년	오월	팔일	금요일

Exemple extrait du dialogue 1:
5월 6일에 시간 있어요? Avez-vous du temps le 6 mai ?
N'oubliez pas la postposition temporelle 에.

Les mois

일월	janvier	[1 + mois]
이월	février	[2 + mois]
삼월	mars	[3 + mois]
사월	avril	[4 + mois]
오월	mai	[5 + mois]
유월	juin	[6 + mois]
칠월	juillet	[7 + mois]
팔월	août	[8 + mois]
구월	septembre	[9 + mois]
시월	octobre	[10 + mois]
십일월	novembre	[11 + mois]
십이월	décembre	[12 + mois]

Attention pour "juin" et "octobre": pour ces deux mois, la dernière lettre tombe.

유월	juin	(et non 육월)
시월	octobre	(et non 십월)

A l'oral, on entend aussi des expressions comme 오월달 pour dire "le mois de mai" dans lesquelles on retrouve deux mots signifiant "mois", l'un d'origine sino-coréenne (월), l'autre d'origine coréenne (달).

L'heure

On a déjà vu que pour l'heure, on utilise les numéraux coréens:

7시	일곱 시	7 heures

et que pour les minutes et les secondes, on utilise les numéraux sino-coréens:

15분 30초	십오 분 삼십 초	15 minutes 30 secondes

Pour donner l'heure, on doit donc employer simultanément les numéraux coréens et sino-coréens.

	numéral coréen+heure	numéral sino-coréen+minutes
7h15:	일곱 시	십오 분

2 heures 10	두 시 십 분	
2 heures 30	두 시 삼십 분	
2 heures et demie	두 시 반	
1 heure 45	한 시 사십오 분	
2 heures moins le quart	두 시 십오 분 전	[lit. 15 minutes avant 2h]
1 heure 55	한 시 오십오 분	
2 heures moins 5	두 시 오 분 전	[lit. 5 minutes avant 2h]
midi	정오	
minuit	자정	

L'heure, exacte ou approximative

Pour dire l'heure exacte, on ajoute 정각 (exactement/pile) après l'heure.

일곱 시 정각에	à 7h exactement/pile

Pour dire l'heure de façon approximative, il existe plusieurs expressions.

(한) 일곱 시쯤에	à 7h environ
(한) 일곱 시경에	à 7h environ
(한) 일곱 시 정도에	à 7h environ

Le mot 한 utilisé dans l'expression "à 7h environ" ne signifie pas "un" (le numéral), mais "à peu près, approximativement", et s'emploie de façon facultative et redondante avec –쯤, –경 ou 정도.

Autres exemples extraits du dialogue 3:

몇 시쯤 모여요?	Vers quelle heure les gens se rassemblent ?
한 여섯 시쯤	Vers 6h.

Donner l'heure sans ambiguïté

Quand on dit l'heure en coréen dans la vie courante (sauf pour indiquer les horaires d'avion ou de train), on utilise rarement les nombres au-dessus de 12. Par exemple, pour "13h", on dit 한 시 (1h), et pas 열세 시 (13h).

Pour lever toute ambiguïté, on peut utiliser les expressions suivantes (la classification est plus précise qu'en français où l'on ne distingue que matin, après-midi et soir):

새벽	matin très tôt

아침	matin
오후	après-midi
저녁	soir
밤	nuit

새벽 2시	2h du matin
아침 7시	7h du matin
오후 2시	2h de l'après-midi
저녁 7시	7h du soir
밤 11시	11h du soir

Demander la date, l'heure, etc.

오늘이 몇 월 며칠이에요? — Nous sommes le combien aujourd'hui ?
[lit. aujourd'hui c'est quel mois quel jour ?]

Notez bien l'orthographe de "quel jour": alors que pour dire "quel mois", on a deux mots séparés 몇 (quel) et 월 (mois), pour dire "quel jour", on a un seul mot, 며칠.

무슨 요일이에요?	Quel jour de la semaine sommes-nous ?
지금 몇 시예요?	Quelle heure est-il maintenant ?
몇 시에 저녁 식사해요?	A quelle heure dînez-vous ?
언제 저녁 식사해요?	Quand dînez-vous ?
몇 시부터 몇 시까지 저녁 식사해요?	De quelle heure à quelle heure dînez-vous ?
–부터	de, à partir de
–까지	à, jusqu'à

<u>Questionner sur la durée:</u>

며칠 동안 휴가예요? — Pendant combien de jours êtes-vous en vacances ?
[lit. Pendant combien de jours c'est les vacances?]

동안 signifie "pendant".

몇 년 동안	pendant combien d'années
몇 달 동안	pendant combien de mois
며칠 동안	pendant combien de jours
몇 시간 동안	pendant combien d'heures
몇 분 동안	pendant combien de minutes

Attention:
On a deux mots pour dire "heure", 시 et 시간.
On emploie 시 pour indiquer l'heure et 시간 pour indiquer la durée.

1시에	à une heure
1시간 동안	pendant une heure

Note: 시간 peut aussi signifier "du temps".

시간 있어요?	Avez-vous du temps ?

Compter les années, les mois, les semaines, les jours:

compter les années (numéraux sino-coréens):

일 년	un an
이 년	deux ans
삼 년	trois ans, etc.

compter les mois (numéraux coréens):

한 달	un mois
두 달	deux mois
세 달	trois mois, etc.

Attention, on a vu que les numéraux sino-coréens combinés avec le mot d'origine chinoise 월 pour "mois" servent à exprimer les mois de l'année: 일월 veut dire "janvier", et pas "un mois"!

compter les semaines (numéraux sino-coréens):

일 주(일)	une semaine
이 주(일)	deux semaines
삼 주(일)	trois semaines, etc.

compter les jours (numéraux sino-coréens):

일 일	un jour
이 일	deux jours
삼 일	trois jours, etc.

Note: pour compter les jours, on a également quelques mots purement coréens.

하루 un jour	이틀 deux jours	사흘 trois jours	나흘 quatre jours	닷새 cinq jours
엿새 six jours	이레 sept jours	여드레 huit jours	아흐레 neuf jours	열흘 dix jours, etc.

Les mots de 하루 (1 jour) à 닷새 (5 jours) ainsi que 열흘 (10 jours) sont très utilisés, mais les autres s'utilisent moins.

Expressions temporelles avec 지난, 이번, 다음...

지난 signifie littéralement "passé", 이번 "cette fois" et 다음 "suivant".

지난 해 (ou 작년) l'année dernière	올해* (ou 금년) cette année	다음 해 (ou 내년) l'année prochaine
지난 달 le mois dernier	이번 달 ce mois-ci	다음 달 le mois prochain
지난 주 la semaine dernière	이번 주 cette semaine	다음 주 la semaine prochaine
지난 주말 le week-end dernier	이번 주말 ce week-end	다음 주말 le week-end prochain
지난 (주) 월요일 lundi dernier	이번 (주) 월요일 ce lundi	다음 (주) 월요일 lundi prochain

*Attention à l'exception pour "cette année": on dit 올해, et pas 이번 해.

Verbe 되다

되다 a deux sens majeurs, "convenir" et "devenir".

되다 "convenir":

저는 여섯 시는 안 돼요.	Pour moi, 6h, ça ne convient pas.
일곱 시 반 정도는 돼요.	Vers 7h30, ça me convient.
여기는 돼요.	Ici, ça va.

Dans le sens de "convenir", à la place de 되다, vous pouvez aussi utiliser 괜찮다 (être bon, convenable) dans une phrase à la forme affirmative (i.e. non négative).

일곱 시 반 정도는 괜찮아요.	Vers 7h30, ça me convient.
여기는 괜찮아요.	Ici, ça va.

되다 "devenir":

A-이/가 B-이/가 되다	A devient B
0도에서 물이 얼음이 돼요.	L'eau se transforme en glace à 0°C.

Verbe 어떻다

Le verbe 어떻다 est un verbe à conjugaison irrégulière. 어떻다 se conjugue 어때요 au style poli informel au présent, et signifie "c'est comment?" à la forme interrogative.

그 영화 어때요?	C'est comment, ce film ?
그 사람 어때요?	Elle est comment cette personne ?
날씨 어때요?	Le temps est comment ?

Remarque: usuellement, la particule de sujet -이/가 tombe avec ce verbe.

어때요 peut également servir à formuler une proposition ou une suggestion:

한 여섯 시쯤 어때요?	Si on se voyait vers 6h ? [lit. c'est comment (pour vous) "6h environ" ?]
토요일 어때요?	Si on se voyait samedi ? [lit. c'est comment (pour vous) samedi ?]
삼계탕 어때요?	Si on prenait du samgyetang ? (plat coréen à base de poulet et de ginseng) [lit. c'est comment (pour vous) du samgyetang ?]

Verbes irréguliers en "ㅎ"

Certains verbes dont le radical se termine par la lettre ㅎ, comme 어떻다, se conjugent au présent, et au style poli informel de la façon suivante:

어떻다 (être comment)	어때요
파랗다 (être bleu)	파래요
하얗다 (être blanc)	하얘요

빨갛다 (être rouge), 노랗다 (être jaune), 하얗다 (être blanc), 이렇다 (être comme ça), 조그맣다 (être

petit), etc. se conjuguent de la même manière. Il s'agit en fait des verbes dont la dernière voyelle du radical est 아, 어, 야 ou 여. Cette irrégularité est d'ailleurs valable pour toutes les conjonctions ou terminaisons commençant par les voyelles 아 ou 어 comme -아/어요, -아/어서, -았어요/었어요.
En revanche, 좋다 (être bon), 옳다 (avoir raison), 싫다 (ne pas aimer), etc. sont des verbes réguliers (좋아요, 옳아요, 싫어요, etc.).

Autres mots ou expressions utiles

Adverbes de fréquence:

늘, 항상, 언제나	toujours	
자주	souvent, fréquemment	
가끔	de temps en temps	
때때로	de temps en temps, par moments	
매일 ou 날마다	tous les jours	매- et -마다 = chaque
매주 ou 주마다	toutes les semaines	
매월 ou 달마다	tous les mois	
매년 ou 해마다	tous les ans	
월요일마다	tous les lundis	

EXERCICES

Exercice 1

Votre collègue vous propose de l'alcool, mais vous y êtes allergique. Refusez poliment, en disant "je ne bois pas d'alcool". 술 = alcool

Exercice 2

Vous avez beaucoup de travail. Un de vos collègues plaisante, en vous disant qu'il va vous falloir travailler même le dimanche. Mais vous pensez qu'il vaut mieux se reposer le dimanche. Comment lui dites-vous "je ne travaille pas le dimanche." ?

Exercice 3

Un de vos collègues apprend le coréen comme vous. Vous remarquez dans son cahier des phrases contenant une ou plusieurs fautes. Corrigez-les:

a) 한국말을 잘 하고 싶어요. 하지만 저는 아직 한국말을 잘 안 해요.
b) 오늘은 피곤 안 해요.
c) 미애 씨는 일요일에 안 산보해요. 산보하다 = se promener

Exercice 4

Complétez la phrase suivante avec chacune des quatre expressions ci-dessous:

저는 런던에 ________ 동안 머물러요.

a) *trois jours*

b) *deux semaines*

c) *six mois*

d) *un an*

Exercice 5

Conjuguez les verbes suivants au style poli informel au présent:

a) 미애 씨 얼굴이 __________. (하얗다)

b) 수요일은 시간이 __________. (되다)

c) 수요일은 시간이 __________. (괜찮다)

d) 그 책 __________? (어떻다)

Exercice 6

Complétez la phrase suivante avec chacune des quatre expressions ci-dessous:

에릭 씨, ____________에 시간 있어요?

a) *lundi*

b) *le 22 octobre*

c) *à 16h*

d) *au mois de mai*

Exercice 7

Ordonnez les mots suivants pour former des phrases correctes:

a) 십오, 정도, 괜찮아요, 일곱, 분, 는, 시

b) 이, 며칠, 월, 이에요?, 오늘, 몇

c) 요일, 무슨, 있어요?, 에, 시간

Exercice 8

Repérez l'intrus:

a) 경, 정도, 정각, 쯤

b) 너희, 우리, 저희, 그분

c) 내일, 아침, 새벽, 저녁

d) 이렇다, 하얗다, 조그맣다, 좋다

LEÇON 7

어제 뭐 했어요?

Principaux objectifs de la leçon

Grammaire

1. le passé au style poli informel
   -았어요/었어요
2. les verbes irréguliers en "ㄷ"
3. la coordination verbale (-고) et nominale
   (-하고, -(이)랑, -와/과)

Expression

1. utiliser les conjonctions formées à partir du verbe 그렇다:
   그리고, 그런데...
2. récapitulatif des principaux interrogatifs

제7과 어제 뭐 했어요?

[plage12]

Dialogue 1 ***Au lendemain de l'anniversaire d'Eric, Jiseon demande à Miae comment s'est passé le dîner de la veille...***

지선	미애 씨, 어제 재미있었어요?
미애	네, 정말 재미있었어요.
지선	사람들도 많았어요?
미애	네, 많았어요. 특히 에릭 씨 프랑스 친구들이 많았어요.
지선	아, 그랬어요? 또 누가 왔었어요?
미애	아, 만수 씨하고 진호 씨도 왔었어요.
지선	뭐 했어요?
미애	저녁 먹고 춤을 췄어요. 그리고 게임도 했어요.

Dialogue 2 ***Miae demande à Jiseon pourquoi elle n'a pas pu venir.***

미애	그런데 지선 씨, 어제 왜 못 왔어요
지선	언니가 부산에서 올라왔어요. 언니랑 함께 식사했어요.
미애	아, 그랬어요?

✲ VOCABULAIRE

Dialogue 1

어제	hier
재미있었어요 [재미있다]	être amusant (au passé)
-었-	marque de passé
정말	vraiment
사람들	les gens
-도	aussi
많았어요 [많다]	être nombreux
-았-	marque de passé
특히	surtout, en particulier, notamment
프랑스 친구들	amis français
아, 그랬어요?	ah bon, ah oui (au passé), c'était ça ?
또	encore, en outre, de plus
누가	qui
왔었어요 [오다]	venir (au "double passé")
아,	interjection: rappel soudain d'un oubli

−하고	et (connecteur nominal)
−도	aussi
뭐	quoi
했어요 [하다]	faire (au passé)
저녁	soir, repas du soir
먹− [먹다]	manger
−고	et (connecteur verbal)
춤	danse
췄어요 [추다]	danser (au passé)
그리고	puis, et
게임	jeux

Dialogue 2

그런데	et, mais
어제	hier
왜	pourquoi
못	négation d'impossibilité, d'incapacité
왔어요 [오다]	venir (au passé)
언니	grande sœur
부산	Busan (deuxième grande ville coréenne)
−에서	postposition de provenance ou de localisation d'une activité
올라왔어요 [올라오다]	monter [lit. venir (*오다*) en montant (*오르다*)] (au passé)
−랑	avec
함께	ensemble
식사했어요 [식사하다]	manger, prendre un repas (au passé)

✲ GRAMMAIRE ET EXPRESSIONS

Passé

−았어요/었어요 sont les terminaisons marquant le passé au style poli informel.
Le choix entre −았어요 et −었어요 est basé sur le même critère que pour le choix entre −아요 et −어요, terminaisons du présent au style poli informel.

Choix entre −았어요 et −었어요:
a) Si la dernière voyelle du radical verbal est ㅏ ou ㅗ, on attache −았어요 au radical.
b) Si la dernière voyelle du radical verbal est autre que ㅏ ou ㅗ, on attache −었어요 au radical.

a) 좋다 (être bon) 좋 ("ㅗ") + −았어요 → 좋았어요
앉다 (s'asseoir) 앉 ("ㅏ") + −았어요 → 앉았어요
만나다 (rencontrer) 만나 ("ㅏ") + −았어요 → 만났어요

b) 먹다 (manger) 먹 ("ㅓ") + −었어요 → 먹었어요

있다 (exister) 있 ("ㅣ") + -었어요 → 있었어요
없다 (ne pas exister) 없 ("ㅓ") + -었어요 → 없었어요

영화가 아주 좋았어요. Le film était très bien.
정말 재미있었어요. C'était vraiment très amusant.
에릭 씨 프랑스 친구들이 많았어요. Il y avait beaucoup d'amis français d'Eric.

Note: dans -았어요/었어요, -았-/-었- est le morphème du passé et -어요 la terminaison verbale au style poli informel.

Particularité des verbes 오다 (venir) et 가다 (aller):
또 누가 왔었어요? A part ça, qui est venu ?
만수 씨하고 진호 씨도 왔었어요. Mansu et Jinho sont également venus.

Le passé (simple) de 오다 est 왔어요 (오 + 았어요, avec contraction entre "ㅗ" et "ㅏ").
왔었어요 est un "double passé": 오 + 았었어요.
오다 (venir) et 가다 (aller) présentent la particularité suivante: au passé, ils signifient respectivement "être venu (et ne pas être reparti)" et "être allé (et ne pas être revenu)". Pour signifier "être venu (puis reparti)" et "être allé (puis revenu)", on doit utiliser le "double passé" en coréen: -았었어요 ou -었었어요. Comme dans le contexte du dialogue les gens sont clairement venus puis repartis de la fête, il faut utiliser le "double passé".

Cas de contractions obligatoires

Au style poli informel, comme pour le présent, dans la conjugaison au passé, on observe des cas de contraction/réduction obligatoire tant sur le plan phonologique qu'orthographique. En voici quelques exemples.

a) "ㅣ" + "ㅓ" → "ㅕ"
치다 (frapper): 쳤어요 (치- + -었어요)

b) "ㅗ" + "ㅏ" → "ㅘ"
보다 (voir): 봤어요 (보- + -았어요)

c) "ㅜ" + "ㅓ" → "ㅝ"
배우다 (apprendre): 배웠어요 (배우- + -었어요)

d) "ㅚ" + "ㅓ" → "ㅙ"
되다 (devenir): 됐어요 (되- + -었어요)

e) "ㅏ" + "ㅏ" → un des deux "ㅏ" tombe
가다 (aller): 갔어요 (가- + -았어요)

f) "ㅓ" + "ㅓ" un des deux "ㅓ" tombe
서다 (s'arrêter): 섰어요 (서- + -었어요)

Quelques verbes particuliers:
이다, 하다, 어떻다, 그렇다, etc. sont des verbes à conjugaison irrégulière au passé comme au présent, au style poli informel.

Le verbe copule 이다 (être) au passé présente deux formes, –이었어요 et –였어요.
a) Après un mot se terminant par une consonne (C), on emploie –이었어요.
b) Après un mot se terminant par une voyelle (V), on emploie –였어요.

a) 학생(C) + –이었어요 → 학생이었어요. Il était étudiant.
b) 의사(V) + –였어요 → 의사였어요. Il était médecin.

Le verbe 하다 a une seule forme au passé, 했어요.
운동 했어요. Il a fait du sport.
식사했어요. Il a mangé.
피곤했어요. Il était fatigué.

Verbes irréguliers en "ㅎ":
Le verbe 어떻다 (être comment) donne 어땠어요 au passé.
그 영화 어땠어요? Il était comment, ce film ?
김치 맛이 어땠어요? Il était comment, le (goût du) kimchi ?

Le verbe 그렇다 (être comme ça) se conjugue comme 어떻다: 그렇다 donne 그랬어요 au passé.
아, 그랬어요? Ah, c'était ça ?

<u>Une même forme verbale pour les différents modes verbaux:</u>
On a déjà vu qu'au style poli informel, les mêmes terminaisons peuvent s'employer dans les déclaratives, les interrogatives, les impératives, etc.
재미있었어요? C'était sympa ?
네, 정말 재미있었어요. Oui, c'était vraiment sympa.

사람들도 많았어요? Il y avait beaucoup de monde aussi ?
네, 많았어요. Oui, il y avait du monde.

Différentes façons de dire "et" en coréen

En coréen, il existe plusieurs mots qui peuvent se traduire par "et" en français, –고, –하고, –(이)랑, –와/과.
a) –고 sert à coordonner des éléments verbaux ou des phrases.
b) –하고, –(이)랑, –와/과 servent à coordonner des éléments nominaux.

a) Connecteur d'éléments verbaux ou de phrases, –고
저녁 먹고 춤을 췄어요. Nous avons dîné et dansé.
그녀는 예쁘고 영리해요. Elle est jolie et intelligente.
폴은 노래를 부르고 마리는 춤을 췄어요. Paul a chanté et Marie a dansé.

Le radical verbal qui porte le connecteur –고 ne change pas de forme, même si le temps de la phrase est au passé. Dans une coordination de verbes, seul le dernier verbe porte une marque temporelle.

녹차를 마시고 쉬었어요. (correct)	J'ai bu du thé vert et je me suis reposé.
녹차를 마셨고 쉬었어요. (incorrect)	J'ai bu du thé vert et je me suis reposé.

Lorsque plus de deux verbes ou phrases sont coordonnés à l'aide de 고, celui-ci doit être répété chaque fois. Dans ce cas également, seul le dernier verbe porte la marque temporelle.
Verbe + Verbe + Verbe (avec un seul et même sujet):
저는 숙제를 하고 텔레비전을 보고 이메일을 썼어요.
J'ai fait mes devoirs, regardé la télé, et écrit un mail.

Phrase + Phrase + Phrase (avec différents sujets):
폴은 노래를 부르고 마리는 춤을 추고 파트릭은 기타를 쳤어요.
Paul a chanté, Marie a dansé et Patrick a joué de la guitare.

b) Connecteurs d'éléments nominaux, –하고, –(이)랑, –와/과
Après un nom se terminant par une voyelle, on emploie –하고, –랑, ou –와.
Après un nom se terminant par une consonne, on emploie –하고, –이랑, ou –과.

사과하고 배 사과랑 배 사과와 배	des pommes et des poires
책하고 공책 책이랑 공책 책과 공책	des livres et des cahiers

–하고, –(이)랑 et –와/과 sont en principe interchangeables, mais à l'oral, on emploie plus facilement –하고 ou –(이)랑 que –와/과.

Dans une coordination d'éléments nominaux, seul le dernier élément nominal porte une particule adaptée (particule de sujet, de thème, d'objet, ou de possession).

사과랑 배가 냉장고에 있어요.	Les pommes et les poires sont dans le frigo.
책이랑 공책을 샀어요.	J'ai acheté des livres et des cahiers.

–하고 et –(이)랑 peuvent s'attacher également sur le dernier élément nominal coordonné, ce qui n'est pas possible avec –와/과. Dans cette tournure, qui est assez utilisée à l'oral, la particule (de sujet, d'objet, etc.) portée normalement par le dernier élément nominal a tendance à être omise:

책하고 공책하고 샀어요. 책이랑 공책이랑 샀어요.	J'ai acheté des livres et des cahiers.

En dehors d'un contexte de coordination, –하고, –(이)랑 et –와/과 signifient "avec". Attention, dans cet usage, ils ne s'emploient qu'avec des noms humains (pas avec des objets).

폴은 그 여자랑 결혼했어요.	Paul s'est marié avec cette femme.

–하고 함께, –(이)랑 함께, –와/과 함께

A l'oral, on ajoute souvent l'adverbe 함께 (ensemble) après –하고, –(이)랑 ou –와/과 pour dire "avec (un être humain)":

언니랑 함께 식사했어요.	J'ai mangé avec ma grande sœur.
에릭 씨랑 함께 영화 봤어요.	J'ai vu un film avec Eric.
미애 씨랑 함께 백화점에 갔어요.	Je suis allé aux grands magasins avec Miae.

On peut également ajouter 같이 (qui signifie aussi "ensemble") au lieu de 함께:

언니랑 함께 식사했어요.	J'ai mangé avec ma grande sœur.

–도

On a déjà vu que –도 (aussi) ne peut jamais co-apparaître avec les particules de sujet, de thème ou d'objet.

저녁 먹고 춤을 췄어요. 게임도 했어요.	Nous avons dîné. Nous avons aussi joué.

Dans 게임도 했어요, la particule d'objet –을 est remplacée par –도:

게임을 했어요.	Nous avons joué à des jeux.
게임도 했어요.	Nous avons aussi joué à des jeux.

Postposition + –도

Lorsque –도 (aussi) s'emploie avec une postposition, contrairement aux particules (de sujet, de thème ou d'objet), celle-ci ne disparaît pas.

저는 버스로 회사에 가요. 가끔 자전거로도 가요.
Je vais au travail en bus. De temps en temps, j'y vais aussi en vélo.

저는 보통 7시에 일어나요. 가끔 6시에도 일어나요.
D'habitude, je me lève à 7h. De temps en temps, je me lève aussi à 6h (du matin).

저는 에릭 씨한테 전화 걸었어요. 미애 씨한테도 전화했어요.
J'ai téléphoné à Eric. J'ai téléphoné aussi à Miae.

Conjonction 그런데

La conjonction 그런데 a un sens assez vague, et peut signifier selon les contextes "au fait", "et", "mais" (très léger), etc.

그런데 지선 씨, 어제 왜 못 왔어요?	Mais Jiseon, pourquoi vous n'êtes pas venue hier ?

그런데 est formé du verbe 그렇다 (être comme ça) et du suffixe –ㄴ데. 그런데 se place en tête de phrase.

De très nombreuses conjonctions dérivent de la même façon du verbe 그렇다 ; en voici quelques-unes:

그리고	et, puis
그러나	mais (exprime une opposition forte)
그렇지만	mais (plus léger que 그러나, mais plus fort que 그런데)
그래도	tout de même, malgré cela
그러니까	donc
그래서	c'est pourquoi
그러면	dans ce cas, alors (forme contractée: 그럼)

Autres mots ou expressions utiles

파티	fête, soirée
생일 파티	fête d'anniversaire
초대장	invitation (carton d')
초대장 보내다	envoyer une invitation
초대하다	inviter
초대받다	être invité
선물	cadeau
생일 케이크	gâteau d'anniversaire
건배하다	porter un toast
노래 부르다	chanter [lit. chanter une chanson]
춤추다	danser [lit. danser une danse]
이야기하다	discuter
음악 듣다*	écouter de la musique

*듣다 est un verbe irrégulier en "ㄷ". Si le radical verbal se termine par la lettre "ㄷ", et qu'il est suivi d'une conjonction ou d'une terminaison commençant par une voyelle, la consonne "ㄷ" se transforme en "ㄹ":

듣 + -아/어요 → 들 + -어요 → 들어요

걷다 (marcher), 묻다 (interroger), etc. se conjuguent comme 듣다 (écouter). En revanche, 닫다 (fermer), 받다 (recevoir), 믿다 (croire), etc. se conjuguent en suivant la règle générale: 닫 + -아요 → 닫아요

Quelques interrogatifs:

누구	qui (avec la particule de sujet -가, le "구" de "누구" disparaît, ce qui donne 누가)
뭐	que, quoi
언제	quand
몇	combien, quel
몇 시에	à quelle heure
몇 시부터 몇 시까지	de quelle heure à quelle heure
어디에	où (+ verbes d'état ou de destination)
어디에서	où (+ verbes d'activité ou de provenance)
어디에서(부터) 어디까지	d'où à où
어떻게	comment
왜	pourquoi
얼마	combien (pour un prix, une mesure)

EXERCICES

Exercice 1
Vous voulez connaître l'avis de votre collègue sur le film qu'il a vu. Que dites-vous ?

Exercice 2
Eric a travaillé "오후 한 시부터 다섯 시까지".
Répondez en coréen à la question suivante: "에릭 씨가 얼마 동안 일했어요?"

Exercice 3
Un de vos collègues apprend le coréen comme vous. Vous remarquez dans son cahier des phrases contenant une ou plusieurs fautes. Corrigez-les:

a) 저는 어제 저녁에 드라마를 봤고 책을 읽었어요. — 드라마 = feuilleton
b) 에릭 씨는 미나 씨를 토요일에 만났어요. 일요일도 만났어요.
c) 미나 씨는 샌드위치고 샐러드를 만들었어요. — 샐러드 = salade; 샌드위치 = sandwich

Exercice 4
Dites les phrases suivantes en coréen:

a) J'aime les fraises. J'aime aussi les cerises. (딸기 = fraise ; 체리 = cerise)
b) Je fais du jogging le samedi matin. Je fais aussi du jogging le dimanche matin.
c) J'ai chanté. J'ai aussi dansé.

Exercice 5
Formez deux phrases au style poli informel avec chacun des verbes suivants, l'une au présent et l'autre au passé, en mettant dans le premier cas "cette semaine" et dans le second "la semaine dernière aussi":

a) 편지를 (쓰다)
b) 친구를 (만나다)
c) 아주 (춥다)
d) 테니스를 (치다)

Exercice 6
Coordonnez correctement les mots suivants (en mettant les verbes au passé):

a) 책 et 공책
b) 메일 보내다 et 전화하다
c) 친절하다 et 예쁘다
d) 영화 et 연극
e) 폴이 초대장을 보내다 et 마리가 음식하다

Exercice 7
Ordonnez les mots suivants pour former des phrases correctes:

a) 마시고, 과일, 를, 을, 차, 먹었어요.
b) 못, 그런데, 어제, 왜, 왔어요?
c) 지난, 에, 왔어요, 비, 많이, 가, 달 — 비 = pluie

Exercice 8

Repérez l'intrus:

a) -고, -하고, -랑, -과

b) 그러나, 그런데, 그렇지만, 그러니까

c) 함께, 많이, 점심, 아주

Exercice 9

Complétez les phrases suivantes en choisissant les conjonctions adaptées parmi celles proposées (une même conjonction peut s'utiliser plusieurs fois): 그래서, 그런데, 그리고.

어제 미애 씨랑 아침에 약속이 있었어요. a)________ 집에서 일찍 나왔어요.
일곱 시 지하철을 타고 싶었어요. b)_________ 지하철에 사람이 너무 많았어요.
c)__________ 그 지하철을 못 탔어요.
다행히 다음 지하철이 일찍 도착했어요. 약속에 안 늦었어요. 미애 씨랑 만났어요. 함께 공원을 오래 산책했어요. d)__________ 풀밭에서 김밥을 먹었어요. 참 재미있었어요.

일찍 = tôt, en avance
나오다 = sortir
지하철 = métro
-고 싶다 = vouloir
타다 = prendre un véhicule
너무 = trop
다행히 = heureusement
다음 = suivant
도착하다 = arriver
늦다 = être en retard
함께 = ensemble
공원 = parc
오래 = longtemps
산책하다 = se promener
풀밭 = pelouse
김밥 = *kimbap*, riz et divers ingrédients enroulés dans une feuille d'algue

LEÇON 8

저는 비빔밥 주세요.

Principaux objectifs de la leçon

Grammaire

1. l'infixe honorifique −(으)시−
2. la particule de sujet honorifique −께서, d'objet indirect honorifique −께
3. l'usage semi-auxiliaire du verbe 주다
4. les adverbes de manière se terminant par −게
5. le présent progressif (−고 있다)

Expression

1. passer une commande dans un restaurant
2. formuler poliment des phrases impératives
3. savoir utiliser les verbes et les noms honorifiques
4. saluer dans différentes circonstances

제8과 저는 비빔밥 주세요.

[plage13]

Dialogue 1 *Eric et Miae entrent dans un restaurant coréen pour dîner. Une serveuse les accueille et les guide vers les tables basses...*

종업원 어서 오세요.
몇 분이세요?
미애 두 명이요.
종업원 이쪽으로 오세요.
미애 저어, 방 말고 의자 쪽으로 주세요.
종업원 네, 그럼 이쪽으로 오세요.
이리 앉으세요.
미애 네.

Dialogue 2 *Une fois attablés, Eric et Miae attendent un moment. Finalement, Miae interpelle la serveuse et lui passe la commande...*

미애 여기요.
종업원 고르셨어요?
미애 네. 저는 물냉면 주세요.
에릭 잠시만요. 지금 고르고 있어요.
.... 저는 비빔밥 주세요.
종업원 물냉면 하나랑 비빔밥 하나요?
미애 네. 맛있게 만들어 주세요!

Dialogue 3 *après le dîner, Eric et Miae sortent du restaurant.*

종업원 맛있게 드셨어요?
미애 네, 맛있게 먹었어요. 안녕히 계세요.
종업원 감사합니다. 안녕히 가세요. 또 오세요!
에릭 또 올게요!

✲ VOCABULAIRE

Dialogue 1

종업원	employé(e), serveur/serveuse (dans un restaurant, un magasin, etc.)
어서	vite
오세요 [오다]	venir (à la forme honorifique)
-(으)시-	infixe honorifique
몇	combien
분	classificateur (être humain, honorifique)
두	deux
명	classificateur (être humain)
-이요	marque de politesse (précédée du radical de 이다)
이쪽	ce côté
-으로	vers
저어	interjection d'hésitation: euh...
방	chambre, pièce
말고	pas ..., mais ...
의자	chaise
쪽	côté (de)
주세요 [주다]	donner (à la forme honorifique)
이리	par ici
앉으세요 [앉다]	s'asseoir (à la forme honorifique)

Dialogue 2

여기요	s'il vous plaît! (pour interpeller un serveur au restaurant)
고르셨어요 [고르다]	choisir (à la forme honorifique, au passé)
저는	(quant à) moi
물냉면	nouilles fines froides, au jus de viande
잠시만요	un instant s'il vous plaît
지금	maintenant
고르- [고르다]	choisir
-고 있다	être en train de
비빔밥	mélange de riz, bœuf, épinard, soja, etc. à la sauce piquante
하나	un
-랑	et
맛있게	délicieux, délicieusement
만들어 [만들다]	fabriquer, créer
주세요 [주다]	donner, faire quelque chose pour quelqu'un

Dialogue 3

드셨어요 [드시다]	manger (verbe honorifique, au passé)
먹었어요 [먹다]	manger (au passé)
안녕히 계세요	au revoir (adressé à celui qui reste)
안녕히 가세요	au revoir (adressé à celui qui part)
또	encore
감사합니다	merci (au style poli formel)
가세요 [가다]	aller (à la forme honorifique)
올게요 [오다]	venir (au futur)
-(으)ㄹ게요	marque de futur

✲ GRAMMAIRE ET EXPRESSIONS

Infixe honorifique –(으)시–

Lorsque le sujet de la phrase dénote quelqu'un "d'honorable" (que l'on s'adresse de façon polie ou non à l'interlocuteur), le radical verbal doit porter l'infixe honorifique –(으)시– en coréen. En fait, c'est une sorte d'accord sujet-verbe, comme en français. Seulement, en coréen, on a un accord honorifique, alors qu'en français, on a un accord en personne, en nombre, etc. En Corée, typiquement, les parents (y compris ses propres parents), les enseignants, les supérieurs hiérarchiques au travail, etc. sont considérés comme des personnes "honorables", auxquelles on doit témoigner du respect, notamment en utilisant l'infixe –(으)시–. On peut aussi utiliser cet infixe avec des inconnus pour se montrer poli.

a) Après un radical se terminant par une consonne (C), on emploie –으시–
b) Après un radical se terminant par une voyelle (V), on emploie –시–.

a) 김 선생님이 의자에 앉으세요. (앉 + –으시– + –어요)
Le Professeur Kim s'asseoit sur la chaise.
b) 김 선생님이 학교에 가세요. (가 + –시– + –어요)
Le Professeur Kim va à l'école.

<u>Contraction obligatoire:</u>
Il y a une contraction obligatoire entre l'infixe honorifique –(으)시– et la terminaison au présent –어요, ou la terminaison au passé –었어요.

–(으)시– + –어요 → –(으)세요
–(으)시– + –었어요 → –(으)셨어요

En fait, la forme attendue de la contraction entre –시– et –어요 est –셔요, mais c'est –세요 qui est considéré comme la forme standard.

Regardons ce qu'auraient donné les deux exemples précédents avec un sujet pour lequel on ne doit pas utiliser la marque honorifique:

a) 동생이 의자에 앉아요. (앉 + -아요)
Mon petit frère s'asseoit sur la chaise.
b) 동생이 학교에 가요. (가 + -아요)
Mon petit frère va à l'école.

Particule de sujet honorifique -께서:
En plus de l'infixe honorifique -(으)시- sur le verbe, pour marquer plus de respect (envers le sujet), on peut utiliser la particule de sujet honorifique "-께서" à la place de "-이/가".

김 선생님께서 학교에 가세요. Le Professeur Kim va à l'école.

Les impératives

Dans les impératives à la forme polie non formelle, dans la mesure où l'on s'adresse à son interlocuteur de façon polie, et que l'interlocuteur est en même temps le sujet de l'impérative, on trouve souvent l'infixe honorifique -(으)시- sur le verbe à l'impératif.

잠깐만 기다리세요. Attendez un instant, je vous prie.

Dans cette leçon, on a beaucoup d'impératives:
어서 오세요. Bonjour ! [lit. venez vite]
이리 앉으세요. Asseyez-vous par ici.
저는 물냉면 주세요. etc. Je voudrais un mul-naengmyeon.
[lit. Donnez-moi un mul-naengmyeon.]

Une expression utile pour le nouvel an:
새해 복 많이 받으세요! Bonne année ! [lit. recevez (*받으세요*), beaucoup (*많이*), de bonheur (*복*), pour la nouvelle année (*새해*)]

Verbe + 주다

Le verbe 주다 (donner) peut avoir un usage semi-auxiliaire, employé après un autre verbe dont le radical porte la "voyelle de liaison" -아 ou -어 (Radical + -아 주다 ou Radical + -어 주다). 주다 signifie alors qu'une action est faite au profit de quelqu'un, qu'une action est bénéfique à quelqu'un.

Choix entre -아 주다 et -어 주다:
Le choix de la voyelle de liaison se fait comme pour -아요/어요:
a) Si la dernière voyelle du radical verbal est ㅏ ou ㅗ, on emploie -아 주다.
b) Si la dernière voyelle du radical verbal est autre que ㅏ ou ㅗ, on emploie -어 주다.

a) 사무실에 와 주세요. Venez au bureau (pour moi, lui, nous, etc. selon le contexte).
b) 책 읽어 주세요. Lisez-moi (-lui, -nous, etc.) un livre.

Autres exemples:
동생한테 책 읽어 주었어요. J'ai lu un livre à (pour) mon petit frère.
이 서류들 좀 정리해 주세요. Rangez-moi ces documents, s'il vous plaît.

Adverbes de manière se terminant par –게

En ajoutant le suffixe adverbial –게 au radical des verbes d'état, on les transforme en adverbes:

맛있게 만들어 주세요. Préparez-nous un bon repas! [lit. préparez-nous (le repas) de façon délicieuse]

Voici d'autres exemples:

재미있–(être amusant, intéressant) + –게

친구랑 재미있게 놀았어요. Je me suis bien amusé avec mon ami [lit. j'ai joué de façon amusante]

바쁘–(être occupé) + –게

어제는 아주 바쁘게 일했어요. Hier, j'ai beaucoup travaillé. [lit. j'ai travaillé de façon très occupée]

소중하–(être précieux) + –게

선물을 소중하게 간직했어요. J'ai gardé le cadeau précieusement.

이렇–(être comme ça) + –게

이렇게 하세요. Faites comme ça.

Verbes et Noms honorifiques

Certains mots en coréen sont intrinsèquement honorifiques par leur sens, et doivent nécessairement être associés à un sujet ou à un objet (direct ou indirect) honorable. Ce sont souvent des verbes et des noms dont l'emploi est très fréquent dans la vie quotidienne comme "manger", "dormir", etc. pour les verbes, et "adresse", "nom", etc. pour les noms.

Par exemple, pour dire "mon père dort" on emploie le verbe honorifique 주무시다 ("dormir" honorifique) alors que pour dire "mon petit frère dort" on emploie le verbe non-honorifique 자다 ("dormir" neutre).

Verbes honorifiques

a) quelques verbes honorifiques qui s'emploient avec un sujet honorable:

	verbe neutre	verbe honorifique
exister	있다	계시다
ne pas exister	없다	안 계시다
manger	먹다	잡수시다 ou 드시다
boire	마시다	드시다
dormir	자다	주무시다
être malade	아프다	편찮으시다
mourir	죽다	돌아가시다

Dans le dialogue de cette leçon, on a vu:
맛있게 드셨어요? Avez-vous bien mangé ?

Autres exemples:
동생이 방에 있어요. Mon petit frère se trouve dans la chambre.
김 선생님이 방에 계세요. Le Professeur Kim se trouve dans la chambre.

Note: l'antonyme de 있다 est 없다. Il n'y a pas d'antonyme pour 계시다. Pour dire le contraire de 계시다, on dit 안 계시다:
동생이 지금 없어요. Mon petit frère n'est pas là pour le moment.
김 선생님이 지금 안 계세요. Le Professeur Kim n'est pas là pour le moment.

Attention, dans une structure à thème-sujet du type "quant à A, B existe" (A a B), on utilise 있으시다 si A est "honorable", et non 계시다:
동생은 시간이 있어요. Mon petit frère a du temps. [lit. quant à mon petit frère, le temps existe.]
김 선생님은 시간이 있으세요. Le Professeur Kim a du temps. [lit. quant au Professeur Kim, le temps existe.]

Rappel: en plus d'utiliser un verbe honorifique, pour marquer plus de respect envers le sujet, on peut utiliser la particule de sujet honorifique "-께서" à la place de la particule de sujet non-marquée "-이/가":

김 선생님께서 지금 안 계세요. Le Professeur Kim n'est pas là pour le moment.

b) quelques verbes honorifiques qui s'emploient avec un objet indirect honorable:

	verbe neutre	verbe honorifique
demander	묻다	여쭙다
donner	주다	드리다

그 봉투를 동생한테 줬어요. J'ai donné cette enveloppe à mon petit frère.
그 봉투를 김 선생님한테 드렸어요. J'ai donné cette enveloppe au Professeur Kim.

Particule d'objet honorifique -께:
En plus d'utiliser un verbe honorifique, pour marquer plus de respect envers l'objet indirect, on peut utiliser la particule d'objet indirect honorifique "-께", à la place de particule d'objet indirect non-marquée "-에게" ou "-한테".

그 봉투를 김 선생님께 드렸어요. J'ai donné cette enveloppe au Professeur Kim.

Note: 드리다 peut également avoir un usage semi-auxiliaire, comme 주다:
동생한테 노래를 불러 줬어요. J'ai chanté pour mon petit frère.
아버지께 노래를 불러 드렸어요. J'ai chanté pour mon père.

c) quelques verbes honorifiques qui s'emploient avec un objet direct honorable:

	verbe neutre	verbe honorifique
voir	보다	뵙다
accompagner qqn	데리고 가다	모시고 가다
ramener qqn	데리고 오다	모시고 오다

동생을 공항에서 데리고 왔어요. J'ai ramené mon petit frère de l'aéroport.
김 선생님을 공항에서 모시고 왔어요. J'ai ramené le Professeur Kim de l'aéroport.

Note: il n'y a pas de particule honorifique d'objet direct. On utilise donc dans tous les cas "-을/를" (la particule peut aussi simplement être omise).

Noms honorifiques

Il existe aussi des noms honorifiques. En voici quelques-uns:

	nom neutre	nom honorifique
parole	말	말씀
nom	이름	성함
âge	나이	연세
anniversaire	생일	생신
maison	집	댁
repas	밥	진지

미애 씨, 밥 먹었어요? Miae, avez-vous mangé ?
아버지, 진지 드셨어요? Père, avez-vous mangé ?

미애 씨, 생일이 언제예요? C'est quand, votre anniversaire, Miae ?
미애 씨 아버님 생신이 언제예요? C'est quand, l'anniversaire de votre père, Miae ?

Pour le père et la mère d'autrui, on emploie plus facilement les termes 아버님 ("père" honorifique) et 어머님 ("mère" honorifique) que 아버지 ("père") et 어머니 ("mère").

Gymnastique de "l'honorificité"

Il ne faut pas confondre le niveau de politesse du style (styles familier, poli non formel, ou poli formel selon le contexte et l'interlocuteur) avec l'usage des termes et des marques honorifiques qui dépendent du sujet, ou de l'objet de la phrase, comme on l'a vu dans cette leçon.
Attention en particulier à ne pas utiliser ces termes et marques honorifiques pour soi-même.
On ne dit pas par exemple,
저는 에릭 씨예요. (incorrect) pour dire "Je m'appelle Eric." → 저는 에릭이에요.
저는 학교에 가세요. (incorrect) pour dire "Je vais à l'école." → 저는 학교에 가요.
저는 진지 드셨어요. (incorrect) pour dire "J'ai mangé." → 저는 밥 먹었어요

Soyez attentifs en particulier dans les questions-réponses où il est facile de reprendre à tort les termes ou terminaisons honorifiques de la question dans la réponse !

Par exemple, dans cette leçon, la serveuse s'adresse poliment à Eric et à Miae en employant le classificateur honorifique pour les êtres humains –분, et l'infixe honorifique –시–:

몇 분이세요?	Combien de personnes (honorables) êtes-vous ?

En revanche, dans sa réponse, Miae n'applique pas ces marques honorifiques à elle-même ; l'infixe honorifique disparaît, et le classificateur honorifique pour les êtres humains –분 est remplacé par le classificateur neutre pour les êtres humains –명:

두 명이요.	Nous sommes deux (personnes).

De la même façon, dans le dialogue, la serveuse demande à Miae et Eric s'ils ont bien mangé en employant le verbe honorifique 드시다 ("manger" honorifique), alors que Miae répond en employant simplement le verbe non-honorifique 먹다 ("manger" neutre), car le sujet de l'action de manger est elle-même:

맛있게 드셨어요?	Avez-vous bien mangé ? (들– suivi de –시– donne 드시–: le ㄹ de 들 tombe ; il y a ensuite contraction entre 드시– et –었어요)
네, 맛있게 먹었어요.	Oui, j'ai bien mangé.

말고

A 말고 B signifie "pas A, mais B":

방 말고 의자 쪽으로 주세요.	Ne nous mettez pas à une table basse, mais plutôt du côté des chaises. [lit. donnez-nous pas du côté de la chambre (i.e. assis à une table basse), mais du côté des chaises]
조깅 말고 수영을 해요.	Je fais de la natation, pas du jogging.

Numéral sans classificateur ni mot de mesure

Dans certains contextes très particuliers, comme celui d'une commande (à un serveur) par exemple, les numéraux peuvent être employés sans être accompagnés d'un classificateur ou d'un mot de mesure. C'est le cas typiquement dans un restaurant ou dans un café:

물냉면 하나랑 비빔밥 하나요?	Un mul-naengmyeon et un bibimbap, c'est bien cela ?
커피 셋이랑 콜라 둘이요.	Trois cafés et deux Cocas, s'il vous plaît !

Si l'on veut, on peut aussi utiliser un classificateur (classificateur par défaut 개) ou un mot de mesure adapté (잔 "verre"), mais le plus usuel, c'est d'omettre l'unité de compte ou de mesure dans un contexte du commande.

Expressions utiles au restaurant

여기요.	S'il vous plaît ! (pour interpeller un serveur au restaurant)
이 음식 (아주) 매워요?	Ce plat est (très) épicé ?
이게 뭐예요?	Qu'est-ce que c'est ? (pour les accompagnements..)
물 좀 주세요.	Je voudrais [lit. donnez-moi] de l'eau, s'il vous plaît.

김치 좀 더 주세요. Je voudrais [lit. donnez-moi] plus de kimchi, s'il vous plaît.
화장실이 어디예요? Où sont les toilettes ?
화장실이 어디에 있어요? Où se trouvent les toilettes ?
음식이 참 맛있어요. Les plats sont vraiment délicieux.
계산서 좀 주세요. L'addition, s'il vous plaît!

Dans une impérative, l'utilisation de 좀 (un peu) permet de rendre la phrase moins abrupte, plus aimable. Au restaurant, on ne l'utilise pas trop dans un contexte de commande (좀 peut même avoir au contraire dans ce cas un côté insistant) ; au restaurant, on l'utilise typiquement pour commander de l'eau (en carafe), un supplément (sous-entendu gratuit), ou pour demander l'addition, comme l'illustrent les exemples ci-dessus.

"Bonjour" et "Au revoir"

On a vu dans la première leçon qu'au style poli informel, "bonjour" se dit 안녕하세요?
Il y a en revanche deux formes pour "au revoir":
안녕히 계세요. au revoir adressé à une personne qui reste dans un lieu
안녕히 가세요. au revoir adressé à une personne qui quitte un lieu
En effet, 안녕히 계세요 signifie littéralement "Soyez/Restez en paix" (notez l'usage du verbe honorifique 계시다), et 안녕히 가세요 "Partez en paix" (verbe 가다, partir, aller).

On a vu une autre salutation dans cette leçon: 어서 오세요, qui signifie littéralement "venez vite", et qui est utilisée par les commerçants envers les clients entrant dans leur établissement.

–고 있다 être en train de

–고 있다 signifie littéralement "exister (있다) tout en faisant... (–고)".
Cette expression correspond approximativement au présent progressif français "être en train de":
지금 고르고 있어요. Je suis en train de choisir.
아기가 자고 있어요. Le bébé est en train de dormir.

Toutefois, –고 있다 ne peut pas se traduire systématiquement par "être en train de". Dans certains cas, la traduction correcte en français est le présent simple:
가족들이 한국에 살고 있어요. Ma famille vit en Corée.
이미 알고 있어요. Je suis déjà au courant.

Autres mots ou expressions utiles

Adverbes de manière:

신나게	joyeusement, comme des fous
재미있게	de façon amusante
예쁘게	joliment
맛있게	délicieusement
정확하게	exactement
친절하게	gentiment

불친절하게	pas gentiment

Au café:

다방	salon de thé, café
카페	café (établissement)
커피숍	café (établissement)
커피	café (boisson)
설탕	sucre
크림	crème
밀크커피	café au lait
코코아, 핫쵸코	chocolat chaud
차	thé
녹차	thé vert
홍차	thé rouge
인삼차	thé au ginseng
레몬차	thé au citron
유자차	thé au citron coréen
주스	jus (boisson fraîche)
오렌지주스	jus d'orange
파인애플주스	jus d'ananas
레몬주스	jus de citron
딸기주스	jus de fraise
사과주스	jus de pomme
포도주스	jus de raisin
맥주	bière

Quelques plats coréens:

불고기	barbecue de fines tranches de bœuf marinées dans la sauce de soja
갈비	côte de bœuf ou de veau
비빔밥	mélange de riz avec divers légumes (soja, épinard, etc.), de la viande de bœuf hâchée et un œuf.
물냉면	nouilles froides au jus de viande
비빔냉면	nouilles froides à la sauce épicée
회덮밥	riz avec du poisson cru
된장찌개	ragoût de pâte de soja
김치찌개	ragoût de kimchi
순두부찌개	ragoût de tofu soyeux

Alcools:

술	alcool
소주	soju
포도주	vin

EXERCICES

Exercice 1

Dans un restaurant, vous voulez que le serveur vous apporte l'addition. Que dites-vous ?

Exercice 2

Vous cherchez les toilettes dans un restaurant. Que dites-vous ?

Exercice 3

Vous voulez que votre collègue envoie (보내다 = envoyer) un fax à votre place. Que dites-vous ?

Exercice 4

Complétez les phrases suivantes par un adverbe de manière dérivé du verbe donné entre parenthèses:

a) 영화를 _________ (재미있다) 봤어요.
b) 케이크를 _________ (예쁘다) 꾸몄어요. — 꾸미다 = décorer
c) 어젯밤에 _________ (신나다) 놀았어요. — 어젯밤 = hier soir
d) 가게 점원이 _________ (불친절하다) 인사했어요. — 가게 = magasin, 점원 = vendeur

Exercice 5

Un de vos collègues apprend le coréen comme vous. Vous remarquez dans son cahier des phrases contenant une ou plusieurs fautes. Corrigez-les:

a) 안녕하세요? 저는 베르나르 씨예요.
b) 아버지께서 방에서 신문 읽고 있어요.
c) 할아버지 집이 인천이에요.
d) 아버님을 공항에서 데리고 왔어요.

Exercice 6

Formulez les phrases suivantes deux fois, une fois avec le sujet "il" désignant "mon petit frère", et une autre fois avec le sujet "il" désignant "mon grand père" (en omettant le sujet):

a) Il s'assoit sur la chaise.
b) Chaque mercredi, il va à la piscine.
c) Il aime beaucoup les fruits.
d) Il a gardé le cadeau précieusement.

Exercice 7

Formulez les questions suivantes deux fois, une fois adressée à *un collègue assez proche*, et une autre fois adressée *à votre père* (en omettant le sujet):

a) Que prenez-vous d'habitude au déjeuner ?
b) Avez-vous du temps demain ?
c) Buvez-vous du *makgeoli* ? — 막걸리 = alcool traditionnel
d) Etes-vous au bureau demain après-midi ?
e) A quelle heure dormez-vous ?

Exercice 8

Ordonnez les mots suivants pour former des phrases correctes:

a) 아버님, 이, 에릭 씨, 언제, 생신, 예요?
b) 말고, 을, 좋아해요, 고기, 생선 — 고기 = viande, 생선 = poisson
c) 복, 받으세요!, 많이, 새해

Exercice 9

Repérez l'intrus:

a) 마시다, 드리다, 뵙다, 드시다
b) 진지, 이름, 나이, 생일
c) 카페, 커피, 커피숍, 다방

LEÇON 9

내일 뭐 할 거예요?

Principaux objectifs de la leçon

Grammaire

1. le futur au style poli informel
   -(으)ㄹ 거예요
2. le coordinateur nominal
   -(이)나 (ou)
3. 아무, -도
4. les comparatives, les superlatives

Expression

1. formuler une proposition
   -(으)ㄹ까요?
2. formuler un futur "d'intention"
   -(으)ㄹ래요
3. formuler un futur "de promesse"
   -(으)ㄹ게요
4. exprimer dans quelle mesure on apprécie quelque chose

제9과 내일 뭐 할 거예요?

[plage14]

Dialogue 1 ***Eric veut organiser une sortie avec Miae pour le week-end. Il lui fait quelques propositions...***

에릭 미애 씨, 내일 뭐 할 거예요?
미애 글쎄요. 아직 아무 계획 없어요.
에릭 그럼 우리 같이 산에 갈까요?
미애 산이요? 저 등산 별로 안 좋아해요.
에릭 그럼 저랑 같이 바닷가에 갈래요?
미애 바닷가에는 안 갈래요. 너무 멀어요.
에릭 그럼 우리 종로에서 영화나 볼까요?
미애 음, 좋아요.

Dialogue 2 ***Après avoir décidé d'aller voir un film ensemble, Eric et Miae discutent maintenant du choix du film...***

에릭 그런데 미애 씨는 어떤 영화를 좋아해요?
미애 전 공포 영화 빼고는 다 좋아요.
에릭 코미디도 괜찮아요?
미애 사실 코미디보다 멜로물을 더 좋아해요.
하지만 코미디도 괜찮아요.

Dialogue 3 ***Eric et Miae conviennent d'un lieu de rendez-vous.***

에릭 제가 내일 미애 씨 아파트 앞으로 갈까요?
미애 아니요. 한 여섯 시쯤에 그냥 극장에서 만나요.
에릭 그럼 제가 매표소 앞에서 기다릴게요.
미애 그래요. 거기서 봐요.
에릭 영화표랑 저녁은 제가 살래요, 알았죠?
미애 알았어요. 고마워요.

✲ VOCABULAIRE

Dialogue 1

내일	demain
뭐	quoi
할 거예요 [하다]	faire (au futur)
-(으)ㄹ 거예요	marque de futur
글쎄요	je ne sais pas trop...
아직	pas encore
아무	aucun
계획	projet, plan
없어요 [없다]	ne pas exister, il n'y a pas, ne pas avoir
그럼	alors
우리	nous
같이	ensemble
산	montagne
-에	à
갈까요? [가다]	aller (dans une proposition)
-(으)ㄹ 까요?	marque de proposition ou de supposition: voulez-vous que je.../voulez-vous que nous.... ?
-이요	marque de politesse (précédée du radical de 이다)
저	moi, je
등산	randonnée (à la montagne)
별로	pas trop, pas particulièrement
안	marque de négation
좋아해요 [좋아하다]	aimer
-랑 같이	avec
바닷가	bord de mer
갈래요 [가다]	aller (au futur + intention)
-(으)ㄹ래요	marque de futur et d'intention
너무	trop
멀어요 [멀다]	être loin
종로	Jongno (quartier de Séoul)
영화	film
-(이)나	ou, ou autre chose
볼까요? [보다]	regarder (dans une proposition)
음	interjection de réflexion: euh
좋아요 [좋다]	c'est d'accord, je suis partant(e), etc.

Dialogue 2

그런데	et, mais (léger)
어떤	quel (type de)
전	moi je, quant à moi (contraction de *저* + *-는*)

공포 영화	film d'horreur
빼고는	sauf, à part
다	tout, entièrement
코미디	comédie
-도	même, aussi
괜찮아요 [괜찮다]	ça va
사실	en réalité
-보다	par rapport à, que (dans une comparative)
멜로물	mélodrame
더	plus, davantage
하지만	mais

Dialogue 3

제가	je
아파트	appartement
앞	devant
-(으)로	vers
갈까요? [가다]	aller (dans une proposition)
그냥	simplement
극장	(salle de) cinéma, théâtre
만나요 [만나다]	se rencontrer
매표소	guichet
기다릴게요 [기다리다]	attendre (au futur + promesse)
-(으)ㄹ게요	marque de futur (+ promesse)
그래요	oui, d'accord, on fait comme ça, etc.
거기서	là-bas, à cet endroit
봐요 [보다]	voir, rencontrer
영화표	ticket de cinéma
-랑	avec
저녁	soir, repas du soir
살래요 [사다]	acheter, payer (au futur + intention)
알았죠?	d'accord ? (j'imagine que oui)
알았어요	d'accord
고마워요	merci

✲ GRAMMAIRE ET EXPRESSIONS

-(으)ㄹ 거예요

En coréen, on a plusieurs types de futur. Aucun d'eux ne correspond exactement au futur en français ; chacun véhicule une nuance différente.
-(으)ㄹ 거예요 (forme conjuguée au style poli informel de -(으)ㄹ 것이다) marque ce que l'on appelle le "Futur Probable".
-(으)ㄹ 거예요 est la façon la plus usuelle de référer à un événement dans le futur (il exprime une simple action future).

a) Après un radical se terminant par une consonne, on emploie -을 거예요.
b) Après un radical se terminant par une voyelle, on emploie -ㄹ 거예요.

a) 오늘은 집에 있을 거예요. — Aujourd'hui, je resterai à la maison.
b) 하루 종일 잘 거예요. — Je dormirai toute la journée.

미애 씨, 내일 뭐 할 거예요? — Que faites-vous demain, Miae ?
영화 볼 거예요. — Je regarderai un film.
에릭 씨랑 수요일에 만날 거예요. — Je rencontre Eric mercredi.
저는 이번 일요일에 산에 갈 거예요. — J'irai à la montagne ce dimanche.
그 친구는 다음 달에 결혼할 거예요. — Il [lit. cet ami] va se marier le mois prochain.
선생님은 프랑스에 칠월달에 오실 거예요. — Le professeur va venir en France en juillet.

Avec un sujet à la troisième personne,-(으)ㄹ 거예요 peut également exprimer une probabilité:
지금 밖에 눈이 내릴 거예요. — Il doit neiger dehors.
저 남자는 아마 부자일 거예요. — Il [lit. cet homme] doit être riche.

-(으)ㄹ까요?

Pour faire une proposition de façon polie, on emploie souvent la formule
Verbe + -(으)ㄹ까요? (-을까요 après un radical se terminant par une consonne, et -ㄹ까요 après un radical se terminant par une voyelle).

우리 같이 산에 갈까요? — Voulez-vous qu'on aille ensemble à la montagne ?

En réalité, -(으)ㄹ까요? a deux usages:
a) Faire une proposition (demander un avis sur une proposition) poliment:
Voulez-vous que nous/je ... ?
b) Emettre une supposition: Pensez-vous qu'il/elle ... ? Je me demande s'il/si elle ...

a) Proposition: (qui, que, quand, où, etc.) voulez-vous que nous/je ... ?
Attention, dans cet usage, celui qui effectue l'action décrite dans la phrase est toujours à la première personne, "je" ou "nous (= vous et moi)". L'équivalent anglais est "shall I ... ?", "shall we ... ?".

언제 만날까요? — Quand voulez-vous que nous nous rencontrions ?

음악을 들을까요? Voulez-vous qu'on écoute de la musique ?
제가 할까요? Voulez-vous que je le fasse ?
뭐 드릴까요? Que voulez-vous que je vous donne ?

b) Supposition: Pensez-vous qu'il/elle .... ? Je me demande s'il/si elle ....
La supposition peut être adressée à soi-même (dans ce cas, la tournure peut éventuellement exprimer un doute de la part du locuteur), ou à un interlocuteur, en lui demandant son avis ou son impression.
Dans cette tournure, le sujet de la phrase est toujours à la troisième personne.

짐가방이 너무 무거울까요? Pensez-vous que la valise est trop lourde ?
내일 더울까요? Je me demande s'il fera chaud demain.
지금 식사하고 있을까요? Pensez-vous qu'il est en train de manger ?
벌써 왔을까요? Pensez-vous qu'il est déjà arrivé ?

–(으)ㄹ래요

–(으)ㄹ래요 (–을래요 après un radical verbal se terminant par une consonne, et –ㄹ래요 après un radical verbal se terminant par une voyelle) s'emploie uniquement :
a) dans une interrogative, avec un sujet à la deuxième personne, "vous",
ou bien
b) dans une déclarative, avec un sujet à la première personne, "je" ou "nous".

a) Volonté de l'interlocuteur: (qui, que, quand, etc.) voulez-vous + Verbe ?
Ici, celui qui effectue l'action décrite dans la phrase est toujours à la deuxième personne: "voulez-vous faire", I.e. "voulez-*vous* que *vous* fassiez".
Avec –(으)ㄹ래요 dans une interrogative, on peut formuler une proposition de façon aimable, non contraignante.

춤출래요? Voulez-vous danser ?
커피 마실래요? Voulez-vous boire un café ?
저랑 같이 바닷가에 갈래요? Voulez-vous aller au bord de la mer avec moi ?

b) Volonté du locuteur: Je veux (Nous voulons) + Verbe.
Avec –(으)ㄹ래요 dans une déclarative, on formule un souhait, une intention qui va se concrétiser par une action (future): je veux... et je vais.

저는 차 마실래요. Je veux boire un thé. (et je compte en boire)
오늘 영화 보러 갈래요. Je veux aller voir un film aujourd'hui.
미애 씨한테 전화 할래요. Je vais téléphoner à Miae.
바닷가에는 안 갈래요. Je ne veux pas aller au bord de la mer.
영화표랑 저녁은 제가 살래요. Je veux vous inviter au cinéma et à dîner.
(et j'insiste: je veux et je vais le faire)

–(으)ㄹ게요

–(으)ㄹ게요 s'utilise pour exprimer une intention, un plan ou une promesse de la part du locuteur. Le sujet de la phrase est toujours à la première personne, "je" ou "nous", et l'action décrite est très souvent bénéfique à l'interlocuteur.

a) Après un radical se terminant par une consonne, on emploie –을게요.
b) Après un radical se terminant par une voyelle, on emploie –ㄹ게요.

a) 거기 있을게요. — Je serai là.
b) 제가 할게요. — Je vais le faire.

매표소 앞에서 기다릴게요. — Je vous attendrai devant le guichet.
내일 전화 걸게요. — Je vous téléphonerai demain (c'est promis).
오늘 저녁은 내가 낼게요. — Ce soir, c'est moi qui paierai le dîner.
절대 안 잊을게요. — Je ne l'oublierai jamais (c'est promis).

–(이)나

Pour dire "ou" (entre deux noms), on utilise –(이)나 (–이나 après une consonne, et –나 après une voyelle):

커피나 차 드릴까요? — Voulez-vous du café ou du thé ?

–(이)나 peut également suivre un seul nom, comme dans l'exemple de la leçon:

우리 영화나 볼까요? — Voulez-vous qu'on regarde un film, ou autre chose ?

Dans ce cas, –(이)나 exprime aussi un choix entre plusieurs possibilités ; en utilisant cette tournure, le locuteur montre qu'il reste ouvert à d'autres propositions ; cet usage de –(이)나 peut être rendu en français par "ou autre chose" par exemple:

아이스크림이나 먹을까요? — Voulez-vous qu'on mange une glace ou autre chose ?
우리 극장에나 가요. — Allons au cinéma ou ailleurs.

아무

Dans une phrase à la forme négative, 아무 signifie "aucun", "pas de".

아직 아무 계획 없어요. — Je n'ai pas encore de projet.

Le nom sur lequel porte 아무 est souvent marqué par –도 (aussi, même).

아직 아무 계획도 없어요. — Je n'ai pas encore de projet.
아무 말도 안 했어요. — Je n'ai rien dit. [lit. je n'ai dit aucune parole]
아무 것도 못 샀어요. — Je n'ai rien pu acheter. [lit. je n'ai pu acheter aucune chose]

Quelques adverbes

아직 (pas encore) [s'emploie toujours avec un verbe négatif]
벌써 (déjà)

저는 내일 벌써 계획 있어요.	J'ai déjà un projet pour demain.
아직 아무 계획 없어요.	Je n'ai encore aucun projet.
에릭 씨가 아직 안 왔어요.	Eric n'est pas encore arrivé.

다 (tout, entièrement)
전 공포 영화 빼고는 다 좋아요. — A part les films d'horreur, j'aime tout.
L'adverbe 다 peut porter sur le verbe ou sur le nom:

이 책을 다 읽어요.	Lisez ce livre entièrement.
이 책들을 다 읽어요.	Lisez tous ces livres.

-이/가 좋아요 vs. -을/를 좋아해요

On peut dire de deux façons "A aime B":
a) soit avec le verbe d'état (intransitif) 좋다 (être bon, être aimé)
   A-은/는 B-이/가 좋아요
b) soit avec le verbe d'action (transitif) 좋아하다 (aimer)
   A-은/는 B-을/를 좋아해요

a) 저는 영화가 좋아요.	J'aime les films. [lit. quant à moi, le film est aimé]
b) 저는 영화를 좋아해요.	J'aime les films.

La paire 싫다 (être mauvais, ne pas être aimé) et 싫어하다 (ne pas aimer) fonctionne selon le même principe:

저는 영화가 싫어요.	Je n'aime pas les films. [lit. quant à moi, le film n'est pas aimé].
저는 영화를 싫어해요.	Je n'aime pas les films.

Remarques:
1) 좋아요 et 싫어요 s'utilisent plutôt avec un sujet à la première personne.

2) "je n'aime pas trop" en coréen se dit "별로 안 좋아해요":

저 등산 별로 안 좋아해요.	Je n'aime pas trop la randonnée.
미애 씨는 겨울을 별로 안 좋아해요.	Miae n'aime pas trop l'hiver.

3) Pour répondre favorablement à une proposition, on peut dire 좋아요 (d'accord, avec plaisir, ça me plaît, je suis partant(e), etc.).

4) Classement des expressions, selon l'échelle "du plus détesté au plus apprécié":
아주 싫어하다 < 싫어하다 < 안 좋아하다 < 별로 안 좋아하다 < ...
... 좋아하다 < 아주 좋아하다.

Le comparatif, le superlatif

Pour former une phrase comparative, on attache –보다 (comparé à) à l'objet de la comparaison, et on met l'adverbe 더 (plus, davantage) ou 덜 (moins) devant le verbe ou l'adverbe. 더 marque le comparatif de supériorité et 덜 le comparatif d'infériorité. 더 peut être optionnel dans une comparative, mais 덜 ne l'est pas.

코미디보다 멜로물을 더 좋아해요. Je préfère les mélodrames aux comédies.
[lit. Par rapport aux comédies, j'aime plus les mélodrames.]
마리가 소피보다 (더) 착해요. Marie est plus gentille que Sophie.
[lit. Par rapport à Marie, Sophie est (plus) gentille.]
소피가 마리보다 덜 착해요. Sophie est moins gentille que Marie.
[lit. Par rapport à Marie, Sophie est moins gentille.]
덜 peut difficilement porter sur un adverbe: il vaut mieux dire
마리가 소피보다 (더) 빨리 달려요. (Marie court plus vite que Sophie.) que 소피가 마리보다 덜 빨리 달려요. (Sophie court moins vite que Marie).

Comparatif d'égalité:
Pour former un comparatif d'égalité, on remplace –보다 (comparé à) par –만큼 (aussi... que, autant... que), et on n'utilise ni 더 (plus) ni 덜 (moins) bien sûr:
코미디만큼 멜로물을 좋아해요. J'aime autant les mélodrames que les comédies.
마리가 소피만큼 착해요. Marie est aussi gentille que Sophie.
소피가 마리만큼 빨리 달려요. Sophie court aussi vite que Marie.

Superlatif:
Pour exprimer un superlatif, il suffit de mettre 가장 (le/la/les plus) ou 제일 (le/la/les plus) devant le verbe, l'adverbe, etc.
미애 씨는 멜로물을 가장/제일 좋아해요. Miae aime le plus les mélodrames.
마리가 가장/제일 착해요. Marie est la plus gentille.
마리가 가장/제일 빨리 달려요. (C'est) Marie (qui) court le plus vite.

Autres mots ou expressions utiles

On a vu dans cette leçon des mots d'origine étrangère, comme 코미디 (comédie) et 멜로– (mélo-).
Voici d'autres mots très courants d'origine étrangère...
concernant l'informatique:

컴퓨터	ordinateur
노트북	ordinateur portable
모니터	écran d'ordinateur
키보드	clavier d'ordinateur
마우스	souris
마우스 패드	tapis de souris
디지털 카메라	appareil photo numérique
캠코더	caméscope
프린터	imprimante
스캐너	scanner

모뎀	modem
커서	curseur
파일	fichier

concernant le cinéma:

캐스팅	casting
스턴트	doublure, cascadeur
시나리오	scénario
마이크	micro
카메라	caméra
필름	pellicule
인터뷰	interview

mots d'origine française:

랑데부	rendez-vous (secret)
아틀리에	atelier
란제리	lingerie féminine
아베크족	2 amoureux [아베크 (avec) + 족 ("tribu" en coréen)]
앙상블	ensemble (vestimentaire)

EXERCICES

Exercice 1

Proposez à vos collègues de boire un verre de bière ou autre chose.

Exercice 2

L'une de vos collègues veut vous inviter chez elle en vous préparant un plat coréen. Elle vous demande s'il y a des choses que vous ne pouvez pas manger. Répondez-lui que vous mangez tout sauf la viande crue.
육회 = viande crue

Exercice 3

Un de vos collègues apprend le coréen comme vous. Vous remarquez dans son cahier des phrases contenant une ou plusieurs fautes. Corrigez-les:

a) 에릭 씨는 고양이를 싫어요. 고양이 = chat
b) 미나 씨는 등산 안 별로 좋아해요.
c) 에릭 씨가 벌써 안 왔어요.
d) 에릭 씨가 미나 씨보다 가장 커요.
e) 내일 비가 올래요?

Exercice 4

Les phrases suivantes sont au présent. Mettez-les au futur avec "-(으)ㄹ 거예요".

a) 영화를 봐요?
b) 김밥을 만들어요?
c) 그 책을 읽으세요?
d) 여기에서 기다려요?
e) 서래 마을에서 사세요?
f) 오후에 집에 있어요?

Exercice 5

Complétez les phrases suivantes.

a) Voulez-vous aller au bord de la mer avec moi ?
저랑 같이 바닷가에 _________ ?
b) Voulez-vous qu'on aille ensemble au bord de la mer ?
우리 같이 바닷가에 _________ ?
c) Voulez-vous danser avec moi ?
저랑 같이 _________ ?
d) Voulez-vous qu'on danse ensemble ?
우리 같이 _________ ?

Exercice 6

Voici deux échanges entre Miae et Eric dans un *noraebang*. (노래방 = karaoké coréen)

a) Miae: 노래 부를래요? Eric: 네.
b) Miae: 노래 부를까요? Eric: 네.

Dans chacun des deux cas, qui va chanter ?

Exercice 7

Traduisez les phrases suivantes en français.

a) 미애 씨가 장미꽃을 좋아할까요? — 장미꽃 = rose (la fleur)

b) 지금 프랑스는 무척 더울 거예요. — 무척 = très, extrêmement

c) 내일 저녁에 전화할게요.

d) 세일은 아마 15일부터 시작할 거예요. — 시작하다 = commencer

세일 = soldes

Exercice 8

Ordonnez les mots suivants pour former des phrases correctes:

a) 비빔밥, 오늘, 에, 저녁, 먹을까요?, 나, 갈비

b) 아무, 아직, 샀어요, 도, 것, 안

c) 저녁, 은, 가, 오늘, 낼게요, 제 — 내다 = payer

Exercice 9

Repérez l'intrus:

a) 아파트, 극장, 영화표, 집

b) 아직, 냉면, 벌써, 별로

c) 모니터, 마우스, 스턴트, 키보드

LEÇON 10

뭐 하시겠습니까?

Principaux objectifs de la leçon

Grammaire

1. le style poli formel (présent, passé, futur ; à toutes les formes) -습니다/ㅂ니다 etc.
2. les impératives et propositives négatives -지 말다
3. l'infixe dit "de futur" (intention, supposition) -겠-
4. le suffixe verbal exprimant la cause -아서/어서

Expression

1. s'exprimer dans un cadre formel
2. s'adresser à un adulte coréen et le désigner
3. interpeller un inconnu

제10과 뭐 하시겠습니까?

[plage15]

Dialogue 1 ***Au travail, Miae est appelée au bureau de son chef de service, M. Kim, qui a une mission pour elle en Belgique.***

미애 부장님, 저 찾으셨습니까?
김 부장 아, 최미애 씨, 들어오십시오. 거기 앉으십시오.
미애 네.
김 부장 최미애 씨가 다음 주에 벨기에로 출장을 가게 됐습니다.
미애 다음 주요?
김 부장 벨기에 지사에 문제가 생겨서요.
미애 저 혼자 갑니까?
김 부장 미애 씨 혼자 갑니다. 하지만 너무 걱정하지 마십시오.
지사에서 도와줄 겁니다.
미애 네, 알겠습니다. 출장 준비하겠습니다.

Dialogue 2 ***Miae part en voyage d'affaires en Belgique. Dans l'avion, une hôtesse de l'air passe pour servir le repas aux passagers...***

스튜어디스 식사 준비해 드리겠습니다.
비빔밥이랑 불고기 있습니다. 뭐 하시겠습니까?
미애 저는 비빔밥 하겠습니다.
스튜어디스 여기 비빔밥 있습니다.

Dialogue 3 ***quelques instants après, l'hôtesse de l'air repasse pour proposer un thé ou un café.***

스튜어디스 커피나 차 있습니다.
뭐 하시겠습니까?
미애 커피 주십시오.
스튜어디스 설탕이랑 크림 필요하십니까?
미애 네, 주십시오.
스튜어디스 여기 있습니다.

✲ VOCABULAIRE

Dialogue 1

부장님	chef de service
찾으셨습니까 [찾다]	chercher (au passé, forme interrogative, polie formelle)
아	interjection: ah! oh!
들어오십시오 [들어오다]	entrer (forme impérative, polie formelle)
거기	là-bas
앉으십시오 [앉다]	s'asseoir (forme impérative, polie formelle)
다음	suivant, prochain
주	semaine
-로	vers
출장	voyage d'affaires
가게 됐습니다 [가다]	aller (+ *-게 되다*, au style poli formel)
-게 되다	marqueur de changement d'état
출장 가다	partir en voyage d'affaires
-요	marque de politesse
지사	succursale, section locale
문제	problème
생겨서요 [생기다]	apparaître (+ *-어서* + *-요*)
아서/어서	car, parce que
혼자	tout seul
갑니까 [가다]	aller (au présent, forme interrogative, polie formelle)
하지만	mais
너무	trop
걱정하지-[걱정하다]	s'inquiéter
-지 마십시오 [말다]	ne pas faire quelque chose (forme impérative négative, polie formelle)
-에서	dans
도와주- [도와주다]	aider (돕다 + 주다)
-ㄹ 겁니다	marque du futur (style poli formel)
알겠습니다 [알다]	comprendre, saisir (style poli formel + *-겠-*)
-겠-	infixe de futur (intention) ou de supposition
준비하겠습니다 [준비하다]	préparer (style poli formel + *-겠-*)

Dialogue 2

스튜어디스	hôtesse de l'air
식사	repas
준비해 [준비하다]	préparer
드리겠습니다 [드리다]	donner (verbe honorifique, style poli formel + *-겠-*)
비빔밥	bibimbap
-이랑	et, avec
불고기	bulgogi
뭐	quoi

하시겠습니까 [하다]	faire, prendre (forme honorifique, polie formelle + *-겠-*)
여기	ici
있습니다 [있다]	exister, il y a (style poli formel)

Dialogue 3

커피	café
-나	ou
차	thé
설탕	sucre
-이랑	et
크림	crème
필요하십니까 [필요하다]	avoir besoin de, être nécessaire (au présent, forme interrogative, polie formelle)
주십시오 [주다]	donner (forme impérative, polie formelle)

✲ GRAMMAIRE ET EXPRESSIONS

Trois styles de discours

Pour bien parler coréen, il faut savoir utiliser le bon niveau de langage. on peut distinguer en coréen au moins trois niveaux de langage, le style familier, le style poli informel, et le style poli formel. Le choix entre ces différents styles est fonction de différents paramètres, le degré de politesse, le degré d'intimité, l'âge, le contexte du discours (formel ou informel), etc.

Nous avons jusqu'à cette leçon utilisé le style poli informel. Le style poli informel s'emploie typiquement au travail entre collègues, dans un cadre informel avec un inconnu ou entre adultes d'âges proches qui se connaissent bien, sans être intimes, etc.

Le style familier, que nous présenterons dans le prochain volume, s'utilise typiquement entre amis intimes d'âges proches, ou avec une personne plus jeune qu'on connaît bien, ou quand on s'adresse à un enfant.

Quant au style poli formel, que nous introduisons dans cette leçon, il s'emploie pour marquer un respect et/ou une certaine distance vis-à-vis de son interlocuteur. Il s'utilise avec une personne envers laquelle on doit se montrer très poli, ou dans certaines situations formelles qui exigent un certain niveau de politesse (ou de distance), comme un entretien, une présentation, un discours, des remerciements devant une assemblée ; c'est aussi le style adopté dans les journaux télévisés par exemple.

Le degré d'intimité, l'âge et le contexte (formel ou pas) sont donc des critères essentiels dans le choix du bon style de discours. Il faut savoir en outre qu'employer un style adapté à une situation et un interlocuteur donnés ne signifie pas qu'on est enfermé dans ce style tout au long de la conversation, mais qu'on emploie ce style (familier, poli informel ou poli formel) de façon dominante. Les styles polis formel et informel par exemple peuvent être mélangés dans une seule et même conversation: le passage entre les deux est relativement souple. Ainsi, dans le dialogue de cette leçon, si Miae et son chef s'adressent l'un à l'autre en employant le style formel de façon dominante, cela ne les empêche pas d'employer de temps en temps le style poli informel:

저 찾으셨습니까?	Vous me cherchiez ?	(poli formel)
들어오십시오.	Entrez.	(poli formel)
다음 주요?	La semaine prochaine ?	(poli informel)
벨기에 지사에 문제가 생겨서요.	C'est parce qu'il y a eu un problème dans notre succursale en Belgique.	(poli informel)

Style poli formel

On emploie la terminaison –(스)ㅂ니다 dans les déclaratives au style poli formel (au lieu de –아요/어요 au style poli informel).

Choix entre –습니다 et –ㅂ니다:
a) Si le radical verbal se termine par une consonne (C), on emploie –습니다.
b) Si le radical verbal se termine par une voyelle (V), on emploie –ㅂ니다.

a) 있(C) + –습니다
부장님과 약속이 있습니다. — J'ai un rendez-vous avec le chef de service.

b) 가(V) + –ㅂ니다
저는 회의에 갑니다. — Je vais à la réunion.

Les terminaisons du style formel selon les modes verbaux

A la différence du style poli informel, au style formel, les terminaisons changent selon le mode de la phrase.
a) Dans une déclarative, on emploie la terminaison –(스)ㅂ니다.
b) Dans une interrogative, on emploie la terminaison –(스)ㅂ니까 ?
c) Dans une propositive, on emploie la terminaison –(으)ㅂ시다.
d) Dans une impérative, on emploie la terminaison –(으)십시오.

a) Déclarative: cf. ci-dessus.
b) Interrogative:
On emploie –습니까? après un radical se terminant par une consonne, et –ㅂ니까? après un radical se terminant par une voyelle.

부장님과 약속이 있습니까?	Avez-vous un rendez-vous avec le chef de service ?
몇 시에 회의장에 갑니까?	A quelle heure allez-vous à la salle de réunion ?

c) Propositive:
On emploie –읍시다 après un radical se terminant par une consonne, et –ㅂ시다 après un radical se terminant par une voyelle.

여기 앉읍시다.	Asseyons-nous ici.
함께 식사 합시다.	Mangeons ensemble.

Passé au style formel (-았습니다 / -었습니다)

Dans une déclarative au passé et au style poli formel,
a) si la dernière voyelle du radical verbal est ㅏ ou ㅗ, on attache -았습니다 au radical,
b) si la dernière voyelle du radical verbal est autre que ㅏ ou ㅗ, on attache -었습니다 au radical.

a) 좋다: 좋 ("ㅗ") + -았습니다 → 좋았습니다
만나다: 만나 ("ㅏ") + -았습니다 → 만났습니다

b) 먹다: 먹 ("ㅓ") + -었습니다 → 먹었습니다
있다: 있 ("ㅣ") + -었습니다 → 있었습니다

어제 만났습니다.	Je l'ai rencontré hier.
불고기를 먹었습니다.	On a mangé du bulgogi.

Autres exemples:
김민주 씨는 기자였습니다. Minju Kim était journaliste.
(contraction obligatoire: 이 + 었 + 습니다 → 였습니다)
취재를 많이 했습니다. Elle a fait beaucoup d'enquêtes.
(voir la conjugaison du verbe 하다 à la leçon 3)

Dans une interrogative au passé et au style poli formel, on emploie la terminaison -았습니까?/-었습니까?

어제 만났습니까?	L'avez-vous rencontré hier ?
불고기를 먹었습니까?	Avez-vous mangé du bulgogi ?
김민주 씨는 기자였습니까?	Minju Kim était journaliste ?
취재를 많이 했습니까?	Elle a fait beaucoup d'enquêtes ?

Futur au style formel (-을 겁니다 / -ㄹ 겁니다)

a) Après un radical se terminant par une consonne, on emploie -을 겁니다.
b) Après un radical se terminant par une voyelle, on emploie -ㄹ 겁니다.

a) 불고기를 먹을 겁니다.	On mangera du bulgogi.
b) 내일 만날 겁니다.	Je le rencontrerai demain.

Dans une interrogative au futur et au style poli formel, on emploie la terminaison -(으)ㄹ 겁니까?

불고기를 먹을 겁니까?	Mangerez-vous du bulgogi ?
언제 만날 겁니까?	Quand le rencontrerez-vous ?

Impératives négatives et propositives négatives (−지 말다)

−지 말다 (ne pas faire quelque chose) précédant un verbe d'action exprime une interdiction ou une dissuasion. Cette formule est utilisée pour former des phrases impératives négatives ou propositives négatives.

Dans une impérative, −지 말다 se conjugue −지 마세요 au style poli informel, et −지 마십시오 au style poli formel.

En s'adressant à un collègue par exemple :
거기 앉지 마세요. Ne vous asseyez pas là.
En s'adressant à son chef par exemple :
거기 앉지 마십시오. Ne vous asseyez pas là.

Dans une propositive, −지 말다 se conjugue −지 말아요 au style poli informel, et −지 맙시다 au style poli formel.

우리 오늘 떠나지 말아요. Ne partons pas aujourd'hui. (style poli informel)
우리 오늘 떠나지 맙시다. Ne partons pas aujourd'hui. (style poli formel)

L'infixe dit "de futur" −겠−

On appelle souvent −겠− infixe de futur, mais en réalité, le sens apporté par −겠− est plus complexe. Voici deux usages majeurs de −겠− (pour l'un desquels −겠− n'apporte d'ailleurs aucun sens de futur):

a) (Ferme) intention (d'une action future):
J'ai l'intention de... /
Avez-vous l'intention de, voulez-vous (faire quelque chose) ?

제가 하겠습니다. Je vais le faire. (style formel)
제가 하겠어요. Je vais le faire. (style informel)

언제 오시겠습니까 ? Quand voulez-vous venir ? (style formel)
언제 오시겠어요 ? Quand voulez-vous venir ? (style informel)

출장 준비하겠습니다. Je vais préparer mon voyage d'affaires.
식사 준비해 드리겠습니다. Je vous préparerai votre repas.
뭐 하시겠습니까? Que voulez-vous prendre ?
저는 비빔밥 하겠습니다. Je prendrai un bibimbap.
커피 하시겠습니까? Voulez-vous prendre un café ?

b) (Forte) présomption (de la part du locuteur):
J'imagine, je crois que... /Il me semble que...

참 좋겠어요.	J'imagine que vous êtes très content. / Vous devez être très content.
아프겠어요.	J'imagine que ça vous fait mal. / Vous devez avoir mal.
그 영화 재미있겠어요.	Ce film me paraît intéressant. / Ce film doit être intéressant (selon moi).
곧 비가 오겠습니다.	Je crois qu'il va bientôt pleuvoir. / Il devrait bientôt pleuvoir (selon moi).
내일은 덥겠어요.	Je crois qu'il va faire chaud demain. Il devrait faire chaud demain (selon moi).

S'adresser à des adultes coréens et les désigner

Pour s'adresser à un adulte ou désigner un adulte, les coréens emploient un titre approprié, ou le nom complet de la personne (ou le nom ou le prénom seul, selon les titres), accompagné d'un titre approprié.

Ce titre peut être le métier de la personne en question ; on utilise aussi des termes familiaux, qui ont un usage étendu.

Selon les cas exposés ci-dessous, on peut s'adresser à un adulte coréen ou le désigner:

a) en employant son nom complet ou son prénom suivi de 씨,

b) en employant son nom complet ou son nom de famille suivis de son titre professionnel (ou son titre professionnel seul),

c) en employant son prénom suivi d'un terme dénotant la relation familiale (ou le terme dénotant la relation familiae seul).

a) Nom complet (ou prénom) + 씨

On a déjà vu cet usage dans les leçons précédentes.

씨 est le terme le plus utilisé. On peut l'employer par exemple entre collègues

김인식 씨	In-sik Kim (homme)
인식 씨	In-sik
서윤주 씨	Yun-ju Seo (femme)
윤주 씨	Yun-ju

On utilise 씨 indifféremment pour un homme ou une femme. On emploie parfois aussi des termes d'origine étrangère comme 미스 (Miss) ou 미스터 (Mr.) pour dire "Mademoiselle" ou "Monsieur".

b) Nom complet (ou nom de famille) + Titre professionnel

김인식 부장(님)	Chef de section In-sik Kim
김 부장(님)	Chef de service Kim
서윤주 선생님	Professeur Yun-ju Seo
서 선생님	Professeur Seo
봉(준호) 감독	Monsieur (Jun-ho) Bong (réalisateur)
김(진호) 기자	Monsieur (Jin-ho) Kim (journaliste)
이(천수) 선수	Monsieur (Cheon-su) Lee (sportif)
김(영중) 화백	Monsieur (Young-jung) Kim (peintre)

Notes:
1) Tous les noms de métiers, aussi nobles soient-ils, ne peuvent pas constituer un titre.
2) 님 est un suffixe honorifique, autrement dit, par exemple, si vous êtes hiérarchiquement supérieur au chef de service In-sik Kim, dites simplement 김인식 부장 (sans님).
3) 선생님 peut également s'appliquer par respect à des personnes qui ne sont ni professeur, ni enseignant.
4) Pour s'adresser à un supérieur hiérarchique, mieux vaut ne citer que son titre (sans son nom), comme 부장님, sauf s'il y a ambiguïté.

Quelques titres dans une entreprise:

사장(님) ou 대표(님)	président
이사(님)	membre du conseil d'administration
부장(님)	chef de service
과장(님)	chef de section

c) Prénom + terme familial
Quelques termes familiaux:

할아버지	grand-père
할머니	grand-mère
아버지	père
어머니	mère
형	grand frère (d'un garçon/homme)
누나	grande sœur (d'un garçon/homme)
오빠	grand frère (d'une fille/femme)
언니	grande sœur (d'une fille/femme)

Au sein de la famille, un aîné appelle ou désigne un cadet simplement par son prénom, mais un cadet n'appelle ou ne désigne en revanche jamais un aîné par son prénom ; il doit utiliser un terme familial adapté, comme 형, (grand frère, vu d'un garçon/homme) par exemple (le terme familial seul suffit, sauf en cas d'ambiguïté où on ajoute alors le prénom). Les coréens n'appellent ainsi jamais leurs parents, oncles ou tantes par leur prénom, ni même leurs grands frères ou leurs grandes sœurs.

Certains de ces termes familiaux peuvent avoir une fonction plus étendue, et s'employer également pour des personnes n'ayant aucun lien de parenté avec le locuteur. Les plus fréquents dans cet usage sont 형 (grand frère d'un garçon), 오빠 (grand frère d'une fille), 누나 (grande sœur d'un garçon), et 언니 (grande sœur d'une fille).

Prénom +형/누나/오빠/언니:

진숙 언니	Jin-suk (l'emploi du terme 언니 indique que Jin-suk est plus âgée que la locutrice)
정섭 오빠	Jeong-seop (l'emploi du terme 오빠, indique que Jeong-seop est plus âgé que la locutrice)

Interpeller un inconnu

Pour interpeller un(e) inconnu(e), on peut utiliser les expressions suivantes:

아주머니	Madame, ...	[lit. tante]
아저씨	Monsieur, ...	[lit. oncle]
아가씨	Mademoiselle, ...	[lit. jeune fille non mariée]
총각	Jeune homme, ...	[lit. jeune homme non marié]
할아버지	Monsieur, ... (lorsque la personne semble âgée) [lit. grand-père]	
할머니	Madame, ... (lorsque la personne semble âgée) [lit. grand--mère]	

실례지만, ...	Excusez-moi, mais ...
실례지만요, ...	Excusez-moi, mais ...
여기요, ...	S'il vous plaît, ... (le plus souvent dans un restaurant)
저기요, ...	S'il vous plaît, ...

필요하다

필요하다 signifie littéralement "être nécessaire". Pour dire "A a besoin de B", on dit "A-은/는 B-이/가 필요하다" [lit. quant à A, B est nécessaire].

설탕이랑 크림 필요하십니까?	Avez-vous besoin de sucre et de crème ?
에릭 씨는 자전거가 필요해요.	Eric a besoin d'un vélo.

Le contraire de 필요하다 est 필요 없다 ou 안 필요하다.

설탕 필요 없어요.	Je n'ai pas besoin de sucre.
설탕 안 필요해요.	Je n'ai pas besoin de sucre.

-아서/어서

-아서/어서 est un suffixe verbal exprimant la cause.

아파서 집에서 쉬어요.	Comme je suis malade, je me repose à la maison.
비가 와서 집에서 쉬어요.	Comme il pleut, je me repose à la maison.

Note: 아프- + -아서/어서 아ㅍ + -아서 아파서
cf. Verbes irréguliers en "—" à la leçon 4.

Attention: -아서/어서 ne doit pas s'employer dans des impératives ou des propositives (du type "comme il fait beau, sortons!").

Attention: le verbe qui porte -아서/어서 ne doit pas porter de marque temporelle. Seul le verbe de la proposition "conséquence" en porte une:

아파서 집에서 쉬었어요.	Je me suis reposé chez moi car j'étais malade.
너무 바빠서 못 왔어요.	Je n'ai pas pu venir car j'étais trop occupé.
내일은 너무 바빠서 못 올 거예요.	Je ne pourrai pas venir demain car je serai trop occupé.

La proposition indiquant la conséquence peut être omise:

벨기에 지사에 문제가 생겨서요.	C'est parce qu'il y a eu un problème dans notre succursale en Belgique.

A cette occasion, on peut noter, comme le montre cet exemple, que la marque de politesse –요 peut s'employer non seulement après un mot, mais également après une proposition.

Autres exemples:

늦어서 미안해요.	Je suis désolé d'être en retard.
기다려 줘서 고마워요.	Je vous remercie de m'avoir attendu.

Les phrases avec –아서/어서 peuvent être paraphrasées à l'aide de 왜냐하면 (parce que, c'est que, car) ; dans ce cas, les verbes des deux propositions portent une marque temporelle:

못 왔어요. 왜냐하면 너무 바빴어요.	Je n'ai pas pu venir car j'étais trop occupé.
내일은 못 올 거예요. 왜냐하면 너무 바쁠 거예요.	Je ne pourrai pas venir demain, parce que je serai trop occupé.

–게 되다

Employé après un radical verbal, –게 되다 signifie "les choses se sont déroulées de sorte que..." (되다 signifie "devenir" et –게 transforme le radical verbal en "adverbe").
–게 되다 exprime un changement d'état ou de situation.

출장을 가게 됐습니다.	(Les choses se sont déroulées de sorte que) vous allez finalement partir en voyage d'affaires.
저는 과일을 좋아하게 됐어요.	(Avant ce n'était pas le cas, mais) désormais, j'aime les fruits.

EXERCICES

Exercice 1
Demandez à vos collègues de ne pas venir en retard à la réunion, en employant le style poli formel.

Exercice 2
Dites à votre chef que vous avez besoin de deux ordinateurs de plus (pour votre projet), en employant le style poli formel.

Exercice 3
Comment dites-vous au style poli formel "Je suis finalement parvenu à bien jouer au tennis" ?

Exercice 4
Vous avez un rapport à rendre à votre chef. En lui donnant le rapport que dites-vous ?

Exercice 5

Transformez au futur + intention (−겠−) les phrases suivantes au présent (le sujet sous-entendu de la phrase est "je").

a) 내년부터 스페인말을 배워요.
b) 커피 값은 제가 내요.
c) 매표소 앞에서 기다려요.
d) 이번 여름휴가에 스페인에 가요. 여름 = été

Exercice 6

Mettez les phrases suivantes au style poli formel.

a) 녹차 한 잔 드시겠어요?
b) 오늘은 참 바빠요.
c) 어디서 점심 식사하세요?
d) 이태리 식당이 어떻겠어요?
e) 좋아요.
f) 프랑스 분이세요?
g) 저는 프랑스 사람이 아니에요. 캐나다 사람이에요.
h) 메일을 많이 쓰세요?

Exercice 7

Reformulez les phrases suivantes avec −아서/어서:

a) 밖에 안 나갔어요. 왜냐하면 온종일 비가 왔어요. 온종일 = toute la journée
b) 정말 기뻤어요. 왜냐하면 시험에 합격했어요. 시험에 합격하다 = réussir l'examen
c) 피곤해요. 왜냐하면 어제 너무 많이 걸었어요.

Exercice 8

Ordonnez les mots suivants pour former des phrases correctes:

a) 늦게, 지하철, 늦었습니다, 이, 와서 늦게 = en retard
b) 저, 과, 오후, 에, 오늘, 이, 부장님, 있습니다, 는, 약속
c) 자전거, 저는, 두, 가, 필요합니다, 대

Exercice 9

Repérez l'intrus:

a) 비빔밥, 출장, 식사, 불고기
b) 언니, 동생, 할아버지, 부장님
c) −ㄹ 거예요, −ㄹ게요, −겠−, −고 있어요

ANNEXES

Exercices de révision

Mémo grammatical

Traduction des dialogues

Corrigé des exercices

Index grammatical

Lexique coréen-français

Lexique français-coréen

EXERCICES DE RÉVISION

Exercice 1: règles de prononciation

Ecrivez la prononciation des mots suivants:

a) 핥이다 [ ]
b) 턱받이 [ ]
c) 않아요 [ ]
d) 안나요 [ ]
e) 삶 [ ]
f) 고맙습니다 [ ]
g) 많이 [ ]
h) 먹는다 [ ]
i) 닫아요 [ ]

Exercice 2: verbes, infixes, et terminaisons

1) Quelle terminaison ne peut s'attacher au radical verbal de la phrase suivante ?

진수 씨가 거기 가__________.

a) –ㄹ 거예요 b) –고 싶어해요 c) –ㄹ까요? d) –ㄹ래요

2) Quelle terminaison ne peut s'attacher au radical verbal de la phrase suivante ?

내일 비가 오__________.

a) –ㄹ 겁니다 b) –ㄹ게요 c) –ㄹ까요? d) –겠어요.

3) Traduisez les phrases suivantes:

a) 내일 6시쯤 만날까요?
b) 내일 6시쯤 어때요?
c) 내일 6시쯤 만납시다.
d) 내일 6시쯤 만나세요.

4) Complétez les phrases suivantes par un verbe semi-auxiliaire approprié, à l'impératif, et en utilisant l'infixe honorifique –시–:

a) 동생한테 노래를 불러 ________.
b) 할아버지께 노래를 불러 ________.

Exercice 3: conjugaisons

Remplissez les tableaux de conjugaison suivants.

A/

	STYLE POLI INFORMEL au		
	présent	passé	futur
오다			
앉다			
일하다			
쉬다			
있다			
먹다			
자다			

	STYLE POLI FORMEL au		
	présent	passé	futur
오다			
앉다			
일하다			
쉬다			
있다			
먹다			
자다			

B/

	STYLE POLI INFORMEL au		
	présent	passé	futur
오시다			
앉으시다			
일하시다			
쉬시다			
계시다			
드시다			
주무시다			

	STYLE POLI FORMEL au		
	présent	passé	futur
오시다			
앉으시다			
일하시다			
쉬시다			
계시다			
드시다			
주무시다			

MÉMO GRAMMATICAL

Cette section regroupe des tableaux synthétisant quelques-uns des points lexicaux et grammaticaux abordés dans ce livre.

1. Voyelles

Voyelles	Prononciation (approximative)	
ㅏ	a	comme gâteau
ㅑ	ya	comme Yannick
ㅓ	o	comme or (un peu plus ouvert qu'en français)
ㅕ	yo	comme yole (un peu plus ouvert qu'en français)
ㅗ	ô	comme eau
ㅛ	yô	comme yo-yo
ㅜ	ou	comme loup
ㅠ	you	comme youpi
ㅡ	eu	comme heureux (lèvres très étirées)
ㅣ	i	comme Isabelle

Voyelles	Prononciation (approximative)	
ㅐ	è	comme grève
ㅒ	yè	comme hyène
ㅔ	é	comme clé
ㅖ	yé	comme yéti
ㅘ	wa	comme oiseau
ㅙ	wè	comme ouais
ㅚ	wé	comme bouée
ㅝ	wo	comme wolof
ㅞ	wé	comme bouée
ㅟ	wi	comme oui
ㅢ	eui	comme seuil (lèvres très étirées)

2. Consonnes

Consonnes	Prononciation (approximative)		Nom de la consonne
ㄱ	g	comme gâteau	기역
ㄴ	n	comme navire	니은
ㄷ	d	comme Daniel	디귿
ㄹ	l	comme liberté	리을
ㅁ	m	comme maman	미음
ㅂ	b	comme bateau	비읍
ㅅ	s	comme Sophie	시옷

Consonnes	Prononciation (approximative)		Nom de la consonne
ㅇ	ng	comme ding dong	이응
ㅈ	dj	comme jeans	지읒
ㅊ	tch	comme tchèque	치읓
ㅋ	k^h	comme chronique, Korea (anglais)	키읔
ㅌ	t^h	comme trottoir, take (anglais)	티읕
ㅍ	p^h	comme proche, pin (anglais)	피읖
ㅎ	h	comme house (anglais)	히읗

Consonnes	Prononciation (approximative)		Nom de la consonne
ㄲ	k	comme camion	쌍기역
ㄸ	t	comme tableau	쌍디귿
ㅃ	p	comme Paris	쌍비읍
ㅆ	s	comme salut	쌍시옷
ㅉ	tz	comme tzigane	쌍지읒

3. Règles de prononciation

Règle	Prononciation	Exemple
Consonnes finales 받침	ㄴ, ㄹ, ㅁ, ㅇ → [ㄴ], [ㄹ], [ㅁ], [ㅇ] ㄱ, ㄲ, ㅋ → [ㄱ] implosif ㅂ, ㅍ → [ㅂ] implosif ㄷ, ㅌ, ㅅ, ㅆ, ㅈ, ㅊ, ㅎ → [ㄷ] implosif	옷 [옫]
Liaison	*Si une consonne est suivie d'une voyelle*	길이 [기리]
Palatalisation	ㄷ + 이 → [지] ㅌ + 이 → [치] ㄷ + 히 → [치] ㅌ + 히 → [치]	굳이 [구지]
Nasalisation	(ㄱ, ㄲ, ㅋ, ㄷ, ㅌ, ㅂ, ㅍ, ㅅ, ㅆ, ㅈ, ㅊ, ㅎ) + (ㄴ ou ㅁ): ㄱ ㄲ ㅋ → [ㅇ] ㅂ ㅍ → [ㅁ] ㄷ ㅌ ㄸ ㅅ ㅆ ㅈ ㅊ ㅎ → [ㄴ]	한국말 [한궁말]
Durcissement	(ㄱ, ㄲ, ㅋ, ㄷ, ㅌ, ㅂ, ㅍ, ㅅ, ㅆ, ㅈ, ㅊ) + (ㄱ, ㄷ, ㅂ, ㅅ, ㅈ): ㄱ, ㄷ, ㅂ, ㅅ, ㅈ → [ㄲ], [ㄸ], [ㅃ], [ㅆ], [ㅉ]	학교 [학꾜]
Aspiration	(ㄱ, ㄷ, ㅂ, ㅈ) + (ㅎ) ou (ㅎ) + (ㄱ, ㄷ, ㅂ, ㅈ) → [ㅋ], [ㅌ], [ㅍ], [ㅊ]	좋다 [조타]
Latéralisation	ㄴ + ㄹ ou ㄹ + ㄴ ㄴ → [ㄹ]	연락 [열락]

Prononciation des groupes de consonnes finales

a) Hors cas de liaison:

Groupe de consonnes	Prononciation	Exemple	
ㄱㅅ	[ㄱ]	넋	[넉]
ㄴㅈ	[ㄴ]	앉다	[안-]
ㄴㅎ	[ㄴ]	많다	[만-]
ㄹㄱ	[ㄱ]	닭	[닥]
ㄹㅁ	[ㅁ]	삶	[삼]
ㄹㅂ	[ㄹ]	넓다	[널-]
ㄹㅌ	[ㄹ]	핥다	[할-]
ㄹㅍ	[ㅂ]	읊다	[읍-]
ㄹㅎ	[ㄹ]	싫다	[실-]
ㅂㅅ	[ㅂ]	값	[갑]

b) En cas de liaison:

Groupe de consonnes	Prononciation	Exemple	
ㄱㅅ	[ㄱㅅ]	넋이	[넉시]
ㄴㅈ	[ㄴㅈ]	앉아요	[안자요]
ㄴㅎ	[ㄴ]	많아요	[마나요]
ㄹㄱ	[ㄹㄱ]	읽어요	[일거요]
ㄹㅁ	[ㄹㅁ]	삶이	[살미]
ㄹㅂ	[ㄹㅂ]	넓이	[널비]
ㄹㅌ	[ㄹㅌ]	핥아요	[할타요]
ㄹㅍ	[ㄹㅍ]	읊어요	[을퍼요]
ㄹㅎ	[ㄹ]	싫어요	[시러요]
ㅂㅅ	[ㅂㅅ]	값이	[갑시]

4. Conjugaison

Style poli informel

Dernière voyelle du Radical:	présent
ㅏ ou ㅗ	R + -아요
sinon	R + -어요

Dernière voyelle du Radical:	passé
ㅏ ou ㅗ	R + -았어요
sinon	R + -었어요

Radical se terminant:	futur
par une Consonne	R + -을 기예요
par une Voyelle	R + -ㄹ 거예요

Style poli formel

Radical se terminant:	présent
par une Consonne	+ -습니다
par une Voyelle	+ -ㅂ니다

Dernière voyelle du Radical:	passé
ㅏ ou ㅗ	+ -았습니다
sinon	+ -었습니다

Radical se terminant:	futur
par une Consonne	+ -을 겁니다
par une Voyelle	+ -ㄹ 겁니다

5. Conjugaison de 이다 et 하다

이다 (être)

Style poli informel

Nom se terminant:	présent	passé	futur
par une Consonne	-이에요	-이었어요	-일 거예요
par une Voyelle	-예요	-였어요	-일 거예요

Style poli formel

Nom se terminant:	présent	passé	futur
par une Consonne	-입니다	-이었습니다	-일 겁니다
par une Voyelle	-ㅂ니다	-였습니다	-일 겁니다

하다 (faire)

Style poli informel

présent	passé	futur
해요	했어요	할 거예요

Style poli formel

présent	passé	futur
합니다	했습니다	할 겁니다

6. Verbes irréguliers

en "ㅂ"	Pour certains verbes dont le radical se termine par la lettre "ㅂ", la lettre "ㅂ" se transforme en "우" au contact des conjonctions ou des terminaisons commençant par une voyelle, comme -아/어요. 고맙다: 고맙- + -아/어요 → 고마우 + 어요 → 고마워요.

en "르"	Pour les verbes dont le radical se termine par la syllabe "르", au contact des conjonctions ou des terminaisons commençant par une voyelle, comme −아/어요, la syllabe "르" se transforme en une succession de deux consonnes "−ㄹ ㄹ−", ce qui donne par exemple "−ㄹ라요" ou "−ㄹ러요" avec −아/어요. 모르다: 모르− + −아/어요 → 몰라요 부르다: 부르− + −아/어요 → 불러요
en "ㅡ"	Pour les verbes dont le radical se termine par la lettre "ㅡ", cette voyelle "faible" disparaît au contact des conjonctions ou des terminaisons commençant par une voyelle, comme −아/어요. 바쁘다: 바쁘− + −아/어요 → 바ㅃ + −아요 → 바빠요
en "ㄷ"	Pour certains verbes dont le radical se termine par la lettre "ㄷ", la lettre "ㄷ" se transforme en "ㄹ" au contact des conjonctions ou des terminaisons commençant par une voyelle, comme −아/어요. 듣다: 듣 + −아/어요 → 들 + −어요 → 들어요
en "ㅎ"	Pour certains verbes dont le radical se termine par la lettre "ㅎ", au contact des conjonctions ou des terminaisons commençant par une voyelle comme −아/어요, la lettre "ㅎ" tombe, et on observe la contraction suivante: 어떻다: 어때요

7. Cas de contraction obligatoire dans les conjugaisons

Radical terminant par... + Terminaison commençant par... → Contraction	Exemples		
	Verbe	Présent (−아/어요)	Passé (−았/었어요)
ㅣ + ㅓ → ㅕ	치다	쳐요	쳤어요
ㅗ + ㅏ → ㅘ	보다	봐요	봤어요
ㅜ + ㅓ → ㅝ	배우다	배워요	배웠어요
ㅚ + ㅓ → ㅙ	되다	돼요	됐어요
ㅏ + ㅏ → ㅏ	가다	가요	갔어요
ㅓ + ㅓ → ㅓ	서다	서요	섰어요
−시− + ㅓ → −세−/−셔−	드시다	드세요	드셨어요

8. Particules

Particule de sujet	C + −이	V + −가
Particule d'objet	C + −을	V + −를
Particule de thème	C + −은	V + −는
Particule de "possession"	C + −의	V + −의

Consonne + −이 (sujet), −을 (objet), −은 (thème)
Voyelle + −가 (sujet), −를 (objet), −는 (thème)

9. Quelques postpositions

à (temporel)	*à, dans (lieu)*	*à (destination)*	*de (provenance)*
−에	−에, −에서	−에, −한테	−에서, −한테서

depuis ... jusqu'à	*vers*	*en*	*avec (+humain)*
−부터 ... −까지	−(으)로	−(으)로	−하고, −(이)랑, −와/과

10. Pronoms personnels (ou équivalents)

je	nous	tu	vous (PL)	il	elle	ils	elles
나 / 내	우리(들)	너 / 네	너희(들)	그 사람 그 남자 그 학생 etc.	그 사람 그 여자 그 여학생 etc.	그 사람들 그 남자들 그 학생들 etc.	그 사람들 그 여자들 그 여학생들 etc.
저 / 제 *humble*	저희(들) *humble*			그 분 그 남자분 etc. *honorifique*	그 분 그 여자분 etc. *honorifique*	그 분들 그 남자분들 etc. *honorifique*	그 분들 그 여자분들 etc. *honorifique*

11. Quelques interrogatifs

Sujet	Objet	Temps	Lieu	Manière	Cause	Quantité	Qualité
누가 *qui* 뭐가 *qu'est-ce qui*	누구를 *qui* 뭘, 뭐 *quoi*	언제 *quand*	어디에 어디에서 *où*	어떻게 *comment*	왜 *pourquoi*	얼마 *combien (prix, mesure)* 몇 *combien (nombre)*	무슨 *quel* 어떤 *quel genre de*

12. Usage des numéraux coréens et sino-coréens

Numéraux coréens (하나, 둘, 셋, 넷, ...)		
compter les objets, les gens, etc.	*l'âge*	*les heures*
세 개 열 명	세 살 스무 살	세 시 열두 시

Numéraux sino-coréens (일, 이, 삼, 사, ...)				
les numéros de téléphone	*les dates*	*les minutes les secondes*	*les prix*	*les numéros de bus, de métro, etc.*
이칠오사에 팔구오삼	오월 십칠일	십오 분 삼십 초	만오천 원	삼십 번, 삼 호선

13. Principaux classificateurs

Cl. humain	Cl. humain (hon.)	Cl. animal	Cl. objet
명	분	마리	개
학생 두 명 *deux étudiants*	손님 두 분 *deux clients*	개 두 마리 *deux chiens*	지우개 두 개 *deux gommes*

Cl. objet long	Cl. objet plat (à 2 dim.)	Cl. machine
자루	장	대
연필 두 자루 *deux crayons de bois*	영화표 두 장 *deux tickets de cinéma*	컴퓨터 두 대 *deux ordinateurs*

14. Verbes et Noms honorifiques

a) <u>quelques verbes honorifiques qui s'emploient avec un sujet honorable:</u>

	verbe neutre	verbe honorifique
exister	있다	계시다
ne pas exister	없다	안 계시다
manger	먹다	잡수시다 ou 드시다
boire	마시다	드시다
dormir	자다	주무시다
être malade	아프다	편찮으시다
mourir	죽다	돌아가시다

b) <u>quelques verbes honorifiques qui s'emploient avec un objet indirect honorable:</u>

	verbe neutre	verbe honorifique
demander	묻다	여쭙다
donner	주다	드리다

c) <u>quelques verbes honorifiques qui s'emploient avec un objet direct honorable:</u>

	verbe neutre	verbe honorifique
voir	보다	뵙다
accompagner qqn	데리고 가다	모시고 가다
ramener qqn	데리고 오다	모시고 오다

Quelques noms honorifiques:

	nom neutre	nom honorifique
parole	말	말씀
nom	이름	성함
âge	나이	연세
anniversaire	생일	생신
maison	집	댁
repas	밥	진지

TRADUCTION DES DIALOGUES

LEÇON 1
안녕하세요? 저는 에릭이에요.

Dialogue 1 ***Au cours d'une réception, Eric rencontre par hasard une connaissance, Jiseon ...***

Jiseon Bonjour, Eric.

Eric Ah, Jiseon! Bonjour.

Jiseon Vous allez bien ces jours-ci ?

Eric Oui, ça va. *[lit. Oui, (je) vais bien]*

Dialogue 2 ***Jiseon présente sa collègue de bureau Miae Choi à Eric...***

Jiseon Je vous présente Miae Choi. *[lit. Cette personne est Miae Choi]*

Eric Bonjour, Miae.

Miae Bonjour. Ravie de vous rencontrer.

Dialogue 3 ***après s'être salués, Eric et Miae échangent quelques mots.***

Eric Je m'appelle Eric. *[lit. je suis Eric]*

Miae Vous êtes américain ?

Eric Non, je suis français.

Miae Ah bon ?

Eric Vous êtes étudiante ?

Miae Non, je suis salariée. Et vous ?

Eric Je suis étudiant.

LEÇON 2
이게 뭐예요?

Dialogue 1 ***C'est la fin de la journée au bureau pour Miae. Elle a l'habitude de rentrer avec sa collègue Jiseon, mais cette fois, elle a un rendez-vous...***

Jiseon J'y vais, Miae.

Miae Oui, pars d'abord.
J'ai un rendez-vous tout à l'heure.

Dialogue 2 ***... Eric vient rendre visite à Miae dans son bureau, qui lui semble encombré d'objets bizarres...***

Eric Miae, c'est quoi ça ? *[lit. Miae, cette chose-ci, c'est quoi ?]*

Miae C'est mon stylo.

Eric Ah bon ? Il est amusant.

Miae, et ça, qu'est-ce que c'est ? *[lit. Miae, quant à cette chose-là, c'est quoi encore ?]*

Miae C'est ma poubelle.

Dialogue 3 ***... Miae invite Eric à s'asseoir.***

Miae Vous pouvez vous asseoir dans le fauteil. *[lit. Asseyez-vous dans le fauteil]*

Eric Merci. Vous aussi, asseyez-vous là.

Miae Oui.

Eric Au fait, Miae, il n'y a pas de téléphone ici ?

Miae Si, il est par-là. *[lit. Il y a un téléphone. Il est par-là]*

LEÇON 3
저는 테니스를 좋아해요.

Dialogue 1 ***Eric s'intéresse aux sports que Miae aime pratiquer...***

Eric Miae, vous aimez faire du sport ?

Miae Oui. *[lit. Oui, j'aime]*

Eric Quel sport aimez-vous ?

Miae Hum, j'aime le tennis. Vous aussi, vous aimez le tennis ?

Eric Oui, beaucoup. *[lit. oui, j'aime beaucoup]*

Miae Ah bon ? Et bien dans ce cas, nous pouvons jouer ensemble.

[lit. ... jouons ensemble au tennis.]

Eric Ah oui, avec plaisir !

Dialogue 2 ***... Eric et Miae conviennent de jouer ensemble au tennis dimanche prochain.***

Eric Miae, vous jouez quel jour de la semaine d'habitude ?

Miae D'habitude, je joue le dimanche.

Eric Vous ne jouez pas le samedi ?

Miae Non, pas souvent. *[lit. Je ne joue pas souvent le samedi.]*

Eric Alors rencontrons-nous dimanche prochain.

Miae Avec plaisir. A dimanche.

LEÇON 4
서래 마을이 어디에 있어요?

Dialogue 1 ***Eric demande à Miae si elle connaît Seorae Maeul, le quartier des français de Séoul...***

Eric Miae, vous connaissez 'Seorae Maeul' ?

Miae Oui, je connais.

Beaucoup de français y vivent, n'est-ce pas ?

Eric Oui, c'est ça.

Dialogue 2 ***Eric cherche à savoir comment se rendre à Seorae Maeul, car il doit y rencontrer un ami.***

Eric A propos, c'est où, Seorae Maeul ?

Miae C'est à Bangbae-dong *[nom d'un quartier (administratif) de Séoul]*. Pourquoi ?

Eric J'ai un ami qui travaille dans une boulangerie à Seorae Maeul.

[lit. Un ami travaille...]

Je vais le voir aujourd'hui. *[lit. Je rencontre cet ami aujourd'hui.]*

Miae Ah oui ?

Eric Miae, comment va-t-on à Seorae Maeul ?

Miae Moi non plus, je ne sais pas bien. Désolée.

Eric Ce n'est pas grave.

LEÇON 5
만수 씨 전화 번호 알아요?

Dialogue 1 ***Eric a égaré le numéro de téléphone de son ami Mansu. Il décide d'appeller Miae pour qu'elle le lui donne...***

Eric Allô !

Miae Oui, allô ?

Eric Bonjour, Miae. C'est Eric. *[lit. je suis Eric]*

Miae Ah, Eric! Bonjour.

Eric Vous ne connaîtriez pas le numéro de téléphone de Mansu par hasard ?

[lit. Miae, vous connaissez peut-être le numéro de téléphone de Mansu ?]

Miae Si, je l'ai. Pourquoi ? *[lit. Oui je le connais...]*

Eric Mansu a deux vélos chez lui. *[lit. Chez Mansu, il y a deux vélos.]*

Je souhaite lui en emprunter un.

Miae Ah oui ?

Le numéro de téléphone est dans mon agenda. Un instant.

Dialogue 2 *... après quelques instants, Miae revient avec son carnet d'adresses.*

Miae Allô ?

Eric Oui.

Miae Le numéro de Mansu est le 02-2275-3948.

Eric 02-2275,...

Miae puis 3948.

Eric 02-2275-3948. C'est bon ?

Miae Oui, c'est ça.

Eric Merci Miae.

Miae De rien.

LEÇON 6
5월 6일에 시간 있어요?

Dialogue 1 *C'est bientôt l'anniversaire d'Eric. Eric demande à Miae si elle est disponible...*

Eric Miae, vous êtes libre le 6 mai, le soir ? *[lit. ... vous avez du temps ... ?]*

Miae Le 6 mai, c'est quel jour de la semaine ?

Eric C'est un jeudi.

Miae Oui, je suis libre. Pourquoi ?

Eric Le 6 mai, c'est mon anniversaire.

Dialogue 2 *... Miae demande à Eric ce qu'il compte faire pour son anniversaire...*

Miae Ah, donc vous organisez une fête pour votre anniversaire ?

[lit. ... vous faites une fête d'anniversaire ?]

Eric Non, pas une fête. *[lit. Ce n'est pas une fête d'anniversaire]*

On va simplement dîner.

Miae Jiseon vient aussi ?

Eric Non. Jiseon ne peut pas venir.

Mais d'autres amis viennent.

Dialogue 3 ***... Eric et Miae conviennent d'une heure pour le dîner.***

Miae Il faut venir vers quelle heure ? *[lit. vers quelle heure se réunit-on ?]*

Eric Vers 6 heures, ça va ? *[lit. ... c'est comment ?]*

Miae 6 heures, ça n'est pas possible pour moi. Vers 7 heures et demie, ça me va.

Eric Dans ce cas, rendez-vous à 7 heures et demie chez moi.

Miae D'accord. A jeudi alors. *[lit. voyons-nous à ce moment-là]*

LEÇON 7
어제 뭐 했어요?

Dialogue 1 ***Au lendemain de l'anniversaire d'Eric, Jiseon demande à Miae comment s'est passé le dîner de la veille...***

Jiseon Miae, vous vous êtes bien amusés hier ?

Miae Oui, c'était vraiment bien.

Jiseon Il y avait beaucoup de monde ?

Miae Oui, il y avait du monde. Surtout, il y avait beaucoup d'amis français d'Eric.

Jiseon Ah bon ! Qui d'autre est venu ?

Miae Ah oui, Mansu et Jinho sont venus aussi.

Jiseon Qu'est-ce que vous avez fait ?

Miae On a dîné et on a dansé. Puis on a aussi joué à des jeux.

Dialogue 2 ***... Miae demande à Jiseon pourquoi elle n'a pas pu venir.***

Miae Mais toi, pourquoi tu n'as pas pu venir hier ?

Jiseon Ma (grande) sœur est venue de Busan. J'ai mangé avec elle.

Miae Ah, c'était pour ça ?

LEÇON 8
저는 비빔밥 주세요.

Dialogue 1 ***Eric et Miae entrent dans un restaurant coréen pour dîner. Une serveuse les accueille et les guide vers les tables basses...***

la serveuse Bonjour. Vous êtes combien ?

Miae 2 personnes.

la serveuse Suivez-moi. *[lit. Venez dans cette direction.]*

Miae	Euh, ne nous mettez pas à une table basse, mais plutôt du côté des chaises. *[lit. Euh, donnez-nous pas du côté de la chambre (i.e. assis à une table basse), mais du côté des chaises]*
la serveuse	Bien sûr, dans ce cas, venez par ici. Vous pouvez vous asseoir ici. *[lit. Asseyez-vous par ici.]*
Miae	Merci. *[lit. Oui.]*

Dialogue 2 ***... Une fois attablés, Eric et Miae attendent un moment. Finalement, Miae interpelle le serveur et lui passe la commande...***

Miae	S'il vous plaît!
la serveuse	Vous avez choisi ?
Miae	Oui. Je voudrais un *mul-naengmyeon*. *[lit. donnez-moi un mul-naengmyeon]*
Eric	Un instant s'il vous plaît, je suis en train de choisir... Je voudrais un *bibimbap*. *[lit. donnez-moi un bibimbap]*
la serveuse	Un *mul-naengmyeon* et un *bibimbap* ?
Miae	C'est ça. *[Miae ajoute: préparez-nous un bon repas.]*

Dialogue 3 ***... après le dîner, Eric et Miae sortent du restaurant.***

la serveuse	Ca a été ? *[lit. Vous avez bien mangé ?]*
Miae	Oui, c'était parfait *[lit. on a bien mangé]*. Au revoir.
la serveuse	Merci. Au revoir, et à bientôt. *[lit. ... Venez encore!]*
Eric	Au revoir! *[lit. On viendra encore!]*

LEÇON 9
내일 뭐 할 거예요?

Dialogue 1 ***Eric veut organiser une sortie avec Miae pour le week-end. Il lui fait quelques propositions...***

Eric	Miae, vous comptez faire quoi demain ? *[lit. Miae, que ferez-vous demain ?]*
Miae	Je ne sais pas trop. Je n'ai encore aucun projet.
Eric	Dans ce cas, si nous allions ensemble à la montagne ?
Miae	A la montagne ? Je n'aime pas trop la randonnée.
Eric	Bon, alors, vous voulez venir avec moi au bord de la mer ?
Miae	Au bord de la mer, non, *[lit. quant au bord de la mer, je ne veux pas (y) aller]* c'est trop loin.
Eric	Alors si on allait simplement voir un film à Jongno ?
Miae	Mmh, d'accord.

Dialogue 2 ***... Après avoir décidé d'aller voir un film ensemble, Eric et Miae discutent maintenant du choix du film...***

Eric Mais Miae, vous aimez quel type de films ?

Miae A part les films d'horreur, j'aime tout.

Eric Les comédies aussi ?

Miae En fait, je préfère les mélodrames aux comédies.
Mais les comédies, c'est bien aussi.

Dialogue 3 ***... Eric et Miae conviennent d'un lieu de rendez-vous.***

Eric Voulez-vous que je passe vous chercher demain ?
[lit. Voulez-vous que je vienne devant votre appartement demain ?]

Miae Non. Rencontrons-nous simplement au cinéma, disons vers 6 heures.

Eric Dans ce cas, j'attendrai devant le guichet.

Miae C'est ça. On se voit là-bas.

Eric Pour le cinéma et le dîner, c'est moi qui vous invite, d'accord ?

Miae D'accord. Merci.

LEÇON 10
뭐 하시겠습니까?

Dialogue 1 ***Au travail, Miae est appelée au bureau de son chef de service, M. Kim, qui a une mission pour elle en Belgique.***

Miae Vous me cherchiez ?

M. Kim Ah, Miae, entrez. Je vous en prie, asseyez-vous là.

Miae Merci. *[lit. Oui.]*

M. Kim Finalement, vous allez partir en voyage d'affaires en Belgique la semaine prochaine.

Miae La semaine prochaine ?

M. Kim C'est qu'il y a eu un problème dans notre succursale en Belgique.

Miae J'y vais seule ?

M. Kim Vous y allez seule. Mais ne vous inquiétez pas trop.
Là-bas *[lit. dans la succursale]*, on va vous aider.

Miae Entendu. Je vais préparer mon voyage.

Dialogue 2 ***... Miae part en voyage d'affaires en Belgique. Dans l'avion, une hôtesse de l'air passe pour servir le repas aux passagers...***

Hôtesse — Le repas est prêt. *[lit. je vais vous préparer (installer) le (plateau) repas]*
Il y a du *bibimbap* et du *bulgogi*. Que désirez-vous prendre ?

Miae — Je vais prendre du *bibimbap*.

Hôtesse — Voici votre *bibimbap*.

Dialogue 3 ***... quelques instants après, l'hôtesse de l'air repasse pour proposer un thé ou un café.***

Hôtesse — Il y a du café ou du thé. Que désirez-vous prendre ?

Miae — Du café s'il vous plaît.

Hôtesse — Voulez-vous du sucre et de la crème ? *[lit. Vous avez besoin de sucre et de crème ?]*

Miae — Oui, s'il vous plaît.

Hôtesse — Voici.

CORRIGÉ DES EXERCICES

LEÇONS PRELIMINAIRES

A. Ecoutez et répétez:

Exercices 1 à 9: pas de corrigé.

B. Entourez ce que vous entendez:

Exercice 10

1. 애　2. 오　3. 아　4. 으　5. 유

Exercice 11

1. 더　2. 저　3. 소　4. 휘　5. 최

Exercice 12

1. 차　2. 끼　3. 도　4. 와　5. 죄

Exercice 13

1. 양　2. 깟　3. 숲　4. 닭　5. 곰

Exercice 14

1. 맥주　2. 아니　3. 멀리　4. 수진　5. 어제

Exercice 15

1. 꽃　2. 종　3. 밟　4. 작　5. 솝　6. 들　7. 검　8. 똘　9. 땅　10. 똑

Exercice 16

1. 거기　2. 우리　3. 커요　4. 까요　5. 서요

Exercice 17

1. 하지만　2. 많아요　3. 있어요　4. 그려요　5. 쉬어요

B. Entourez ce que vous entendez:

Exercice 18

1. 짖　[진]
2. 볕　[변]
3. 있　[읻]

4. 깎 [깍]
5. 녘 [녁]
6. 갚 [갑]
7. 귤 [귤]

Exercice 19

1. 맘에 [마메]
2. 앞으로 [아프로]
3. 술이 [수리]
4. 정신이 [정시니]
5. 방문을 [방무늘]

Exercice 20

1. 맏이 [마지]
2. 끝이 [끄치]
3. 미닫이 [미다지]
4. 곧이 [고지]
5. 밭이 [바치]

Exercice 21

1. 국수 [국쑤]
2. 몹시 [몹씨]
3. 갑자기 [갑짜기]
4. 입고 [입꼬]
5. 덮개 [덥깨]

Exercice 22

1. 국물 [궁물]
2. 놓는 [논는]
3. 맞는 [만는]
4. 멋있는 [머신는]

Exercice 23

1. 쌓지 [싸치]
2. 놓고 [노코]
3. 좋던 [조턴]
4. 익혀요 [이켜요]
5. 잡혀요 [자펴요]

Exercice 24

1. 찰나 [찰라]
2. 신라 [실라]
3. 천리 [철리]
4. 올는지 [올른지]
5. 물난리 [물랄리]

Exercice 25

1. 값	[갑]	값은	[갑슨]
2. 흙	[흑]	흙은	[흘근]
3. 핥	[할]	핥은	[할튼]
4. 싫	[실]	싫은	[시른]
5. 넋	[넉]	넋은	[넉슨]
6. 앉	[안]	앉은	[안즌]
7. 많	[만]	많은	[마는]
8. 굶	[굼]	굶은	[굴믄]
9. 짧	[짤]	짧은	[짤븐]

Exercice 26

1. 갇히다 [가치다]
2. 핥이다 [할치다]
3. 물놀이 [물로리]

LEÇON 1

Exercice 1

안녕하세요? 서인화 씨.
반갑습니다.

Exercice 2

a) 미애 씨, 이분은 파트릭 듀퐁 씨예요.
b) 미애 씨, 이분은 서인화 씨예요.
c) 미애 씨, 이분은 김유나 씨예요.

Exercice 3

파트릭 듀퐁 씨는 프랑스 사람이에요?

Exercice 4

요즘 잘 지내요?

Exercice 5

Réponse individuelle.

Exercice 6

미국은	프랑스는	한국은
에릭 씨는	학생은	의사는
최미애는	박 선생님은	책은

Exercice 7

a) 이분은 의사예요
b) 이분은 김 선생님이에요
c) 이분은 조미자 씨예요

Exercice 8

a) 요즘 잘 지내요?
b) 저는 캐나다 사람이에요.
c) 미애 씨는 회사원이에요?

Exercice 9

a) 최미애　　b) 기자　　c) 안녕

LEÇON 2

Exercice 1

a) 이게 뭐예요?
b) 이게 무슨 음식이에요?
c) 이 음식 매워요?
d) 이 사람이 가이드예요?

Exercice 2

저 배우 이름이 뭐예요?

Exercice 3

Employé: 이 책이에요?
Vous: 네, 그 책이에요.

Exercice 4

사과가	캐나다가	사람이
약속이	전화가	의자가
휴지통이	뭐가	택시가

Exercice 5

a) 먹어요　b) 좋아요　c) 없어요　d) 앉아요

Exercice 6

a) 추워요　b) 가벼워요　c) 귀여워요

Exercice 7

a) 저는 차가 있어요.
b) 에릭 씨는 볼펜이 있어요.
c) 미애 씨는 약속이 있어요.

Exercice 8

a) 저는　b) 이　c) 은, 는　d) 가

Exercice 9

a) 친구　b) 여기　c) 택시　d) 공책

LEÇON 3

Exercice 1

토요일에 만나요!

Exercice 2

이번 주말에 같이 테니스 쳐요.

Exercice 3

무슨 책 읽어요?

Exercice 4

Réponse individuelle.

Exercice 5

영화를	공책을	피에르를
휴지통을	선생님을	신문을
스위스를	컴퓨터를	운동을

Exercice 6

a) 와요　　b) 자요　　c) 배워요

Exercice 7

a) 에릭 씨는 자요.　　에릭 씨는 안 자요.
b) 미애 씨는 피곤해요.　　미애 씨는 안 피곤해요.
c) 에릭 씨는 쇼핑해요.　　에릭 씨는 쇼핑 안 해요.

Exercice 8

a) 저는 보통 수요일에 수영해요.
b) 마리 씨는 테니스를 안 좋아해요.
c) 그럼 이번 일요일에 만나요.

Exercice 9

a) 요가　　b) 정말　　c) 운동

LEÇON 4

Exercice 1

괜찮아요.

Exercice 2

어디요?

Exercice 3

a) 학생(들)이 많이 와요.
b) 냉장고에 사과가 많이 있어요.
c) 저는 영화를 많이 봐요.

Exercice 4

a) 저 → 그
b) 토요일+에
카페에 → 카페에서
c) 안 알아요 → 몰라요
d) 앞에 → 앞에서

Exercice 5

a) 에 ou 에서 b) 에 c) 에 d) 에서 e) 에서 f) 에서 g) 에 h) 에서

Exercice 6

a) 불러요 b) 빨라요 c) 기뻐요 d) 슬퍼요

Exercice 7

a) 핸드폰이 탁자 위에 있어요.
b) 핸드폰이 탁자 아래(에) 있어요.
c) 핸드폰이 탁자 옆에 있어요.
d) 핸드폰이 탁자 앞에 있어요.
e) 핸드폰이 탁자 뒤에 있어요.

Exercice 8

a) 보통 한 시에 도서관에서 돌아와요.
b) 식당에서 밥을 먹어요.
c) 지금 십에 누가 있어요?

Exercice 9

a) 보다 b) 잘 c) 만나요

LEÇON 5

Exercice 1

실례지만, 누구세요?

Exercice 2

영수 지금 없어요. (par exemple)

Exercice 3

오 월 삼 일 열 시 십오 분에 사무실로 와요.

Exercice 4

a) 세 명 b) 다섯 개 c)열 대 d) 두 자루

Exercice 5

a) 한테서 b) 한테 c) 한테 d) 한테 e)한테서 f) 한테

Exercice 6

a) 이십구 b) 오백 사십팔 c) 천 팔백 d) 오천만

Exercice 7

a) 혹시 폴 씨 전화 번호 알아요?
b) 친구한테 차가 두 대 있어요.
c) 저는 토요일에 영화 보고 싶어요.

Exercice 8

a) 돈 b) 십오 c) 거기

LEÇON 6

Exercice 1

저는 술을 못 마셔요.

Exercice 2

저는 일요일에 일을 안 해요.

Exercice 3

a) 안 → 못
b) 피곤 안 해요 → 안 피곤해요
c) 안 산보해요 → 산보 안 해요

Exercice 4

a) 삼일 ou 사흘 b) 이 주 c) 육 개월 d) 일 년

Exercice 5

a) 하얘요 b) 돼요 c) 괜찮아요 d) 어때요

Exercice 6

a) 월요일 b) 시월 이십이일 c) 오후 네 시 d) 오월(달)

Exercice 7

a) 일곱 시 십오 분 정도는 괜찮아요.
b) 오늘이 몇 월 며칠이에요?
c) 무슨 요일에 시간 있어요?

Exercice 8

a) 정각 b) 그분 c) 내일 d) 좋다

LEÇON 7

Exercice 1

그 영화 어땠어요?

Exercice 2

에릭 씨는 네 시간 동안 공부했어요.

Exercice 3

a) 봤고 → 보고
b) 일요일도 → 일요일에도
c) 샌드위치고 → 샌드위치하고

Exercice 4

a) 저는 딸기를 좋아해요. 체리도 좋아해요.
b) 저는 토요일 아침에 조깅해요. 일요일 아침에도 (조깅)해요.
c) 저는 노래 불렀어요. 춤도 췄어요.

Exercice 5

a) 이번 주에 편지를 써요. 지난주에도 (편지를) 썼어요.
b) 이번 주에 친구를 만나요. 지난주에도 (친구를) 만났어요.
c) 이번 주에 아주 추워요. 지난주에도 아주 추웠어요.
d) 이번 주에 테니스를 쳐요. 지난주에도 (테니스를) 쳤어요.

Exercice 6

a) 책하고 공책, 책이랑 공책, ou 책과 공책
b) 메일 보내고 전화했어요.
c) 친절하고 예뻤어요.
d) 영화하고 연극, 영화랑 연극, ou 영화와 연극
e) 폴이 초대장을 보내고 마리가 음식했어요.

Exercice 7

a) 차를 마시고 과일을 먹었어요.
b) 그런데 어제 왜 못 왔어요?
c) 지난달에 비가 많이 왔어요.

Exercice 8

a) -고 b) 그러니까 c) 점심

Exercice 9

a) 그래서 b) 그런데 c) 그래서 d) 그리고

LEÇON 8

Exercice 1

계산서 좀 주세요.

Exercice 2

화장실이 어디예요? ou bien 화장실이 어디에 있어요?

Exercice 3

팩스 좀 보내 주세요.

Exercice 4

a) 재미있게 b) 예쁘게 c) 신나게 d) 불친절하게

Exercice 5

a) 베르나르 씨예요 → <u>베르나르예요</u>
b) 읽고 있어요 → 읽고 <u>계세요</u>
c) 집 → 댁
d) 데리고 왔어요 → <u>모시고</u> 왔어요

Exercice 6

a) 의자에 앉아요. 의자에 앉으세요.
b) 수요일마다 수영장에 가요. 수요일마다 수영장에 가세요.
c) 과일을 아주 좋아해요. 과일을 아주 좋아하세요.
d) 선물을 소중하게 간직했어요. 선물을 소중하게 간직하셨어요.

Exercice 7

a) 점심에 보통 뭐 먹어요? 점심에 보통 뭐 드세요?
b) 내일 시간 있어요? 내일 시간 있으세요?
c) 막걸리 마셔요? 막걸리 드세요?
d) 내일 오후에 사무실에 있어요? 내일 오후에 사무실에 계세요?
e) 몇 시에 자요? 몇 시에 주무세요?

Exercice 8

a) 에릭 씨 아버님 생신이 언제예요?
b) 고기 말고 생선을 좋아해요.
c) 새해 복 많이 받으세요!

Exercice 9

a) 마시다 b) 진지 c) 커피

LEÇON 9

Exercice 1

우리 맥주나 한 잔 할까요?

Exercice 2

저는 육회 빼고는 다 먹어요.

Exercice 3

a) 싫어요 → 싫어해요
b) 안 별로 좋아해요 → 별로 안 좋아해요
c) 벌써 안 왔어요 → 벌써 왔어요 ou bien 아직 안 왔어요
d) 가장 → 더 (ou bien omettre 미나 씨보다)
e) 올래요 → 올까요?

Exercice 4

a) 영화를 볼 거예요?
b) 김밥을 만들 거예요?
c) 그 책을 읽으실 거예요?
d) 여기에서 기다릴 거예요?
e) 서래 마을에서 사실 거예요?
f) 오후에 집에 있을 거예요?

Exercice 5

a) 갈래요　　b) 갈까요　　c) 춤출래요　　d) 춤출까요

Exercice 6

a) Eric, car -으(ㄹ)래요? signifie "voulez-vous (que *vous*) ... ?" Comme "vous" est ici Eric, c'est Eric qui chantera.

b) Soit Miae et Eric ensemble, soit Miae seule, car -으(ㄹ)까요 signifie "voulez-vous que *nous* ... ?", ou "voulez-vous que *je* ... ?".

Exercice 7

a) Pensez-vous que Miae aime les roses ? / Je me demande si Miae aime les roses.
b) En ce moment, il doit faire très chaud en France.
c) Je vous appellerai demain soir (c'est promis).
d) Les soldes doivent commencer à partir du 15.

Exercice 8

a) 오늘 저녁에 갈비나 비빔밥 먹을까요?
b) 아직 아무 것도 안 샀어요.
c) 오늘 저녁은 제가 낼게요.

Exercice 9

a) 영화표　　b) 냉면　　c) 스턴트

LEÇON 10

Exercice 1

회의에 늦지 마십시오. ou 회의에 늦게 오지 마십시오.

Exercice 2

(저희는) 컴퓨터가 두 대 더 필요합니다.

Exercice 3

테니스를 잘 치게 됐습니다.

Exercice 4

여기 있습니다.

Exercice 5

a) 내년부터 스페인말을 배우겠어요.
b) 커피 값은 제가 내겠어요.
c) 매표소 앞에서 기다리겠어요.
d) 이번 여름휴가에 스페인에 가겠어요.

Exercice 6

a) 녹차 한 잔 드시겠습니까?
b) 오늘은 참 바쁩니다.
c) 어디서 점심 식사하십니까?
d) 이태리 식당이 어떻겠습니까?
e) 좋습니다.
f) 프랑스 분이십니까?
g) 저는 프랑스 사람이 아닙니다. 캐나다 사람입니다.
h) 메일을 많이 쓰십니까?

Exercice 7

a) 온종일 비가 와서 밖에 안 나갔어요.
b) 시험에 합격해서 정말 기뻤어요.
c) 어제 너무 많이 걸어서 피곤해요.

Exercice 8

a) 지하철이 늦게 와서 늦었습니다.
b) 저는 오늘 오후에 부장님과 약속이 있습니다.
c) 저는 자전거가 두 대 필요합니다.

Exercice 9

a) 출장
b) 부장님
c) -고 있어요

EXERCICES DE REVISION

Exercice 1

a) [할치다] b) [턱빠지] c) [아나요] d) [안나요] e) [삼]
f) [고맙씀니다] g) [마니] h) [멍는다] i) [다다요]

Exercice 2

1) d) －ㄹ래요
2) b) －ㄹ게요
3) a) Si on se rencontrait demain vers 6h ?
   b) Demain vers 6h, c'est comment ?
   c) Rencontrons-nous demain vers 6h.
   d) Rencontrez-vous vers 6h.
4) a) 주세요
   b) 드리세요

Exercice 3

A/	STYLE POLI INFORMEL au			STYLE POLI FORMEL au		
	présent	passé	futur	présent	passé	futur
오다	와요	왔어요	올 거예요	옵니다	왔습니다	올 겁니다
앉다	앉아요	앉았어요	앉을 거예요	앉습니다	앉았습니다	앉을 겁니다
일하다	일해요	일했어요	일할 거예요	일합니다	일했습니다	일할 겁니다
쉬다	쉬어요	쉬었어요	쉴 거예요	쉽니다	쉬었습니다	쉴 겁니다
있다	있어요	있었어요	있을 거예요	있습니다	있었습니다	있을 겁니다
먹다	먹어요	먹었어요	먹을 거예요	먹습니다	먹었습니다	먹을 겁니다
자다	자요	잤어요	잘 거예요	잡니다	잤습니다	잘 겁니다

B/	STYLE POLI INFORMEL au			STYLE POLI FORMEL au		
	présent	passé	futur	présent	passé	futur
오시다	오세요	오셨어요	오실 거예요	오십니다	오셨습니다	오실 겁니다
앉으시다	앉으세요	앉으셨어요	앉으실 거예요	앉으십니다	앉으셨습니다	앉으실 겁니다
일하시다	일하세요	일하셨어요	일하실 거예요	일하십니다	일하셨습니다	일하실 겁니다
쉬시다	쉬세요	쉬셨어요	쉬실 거예요	쉬십니다	쉬셨습니다	쉬실 겁니다
계시다	계세요	계셨어요	계실 거예요	계십니다	계셨습니다	계실 겁니다
드시다	드세요	드셨어요	드실 거예요	드십니다	드셨습니다	드실 겁니다
주무시다	주무세요	주무셨어요	주무실 거예요	주무십니다	주무셨습니다	주무실 겁니다

C/	STYLE POLI INFORMEL au			STYLE POLI FORMEL au		
	présent	passé	futur	présent	passé	futur
즐겁다	즐거워요	즐거웠어요	즐거울 거예요	즐겁습니다	즐거웠습니다	즐거울 겁니다
덥다	더워요	더웠어요	더울 거예요	덥습니다	더웠습니다	더울 겁니다
입다	입어요	입었어요	입을 거예요	입습니다	입었습니다	입을 겁니다
모르다	몰라요	몰랐어요	모를 거예요	모릅니다	몰랐습니다	모를 겁니다
빠르다	빨라요	빨랐어요	빠를 거예요	빠릅니다	빨랐습니다	빠를 겁니다
바쁘다	바빠요	바빴어요	바쁠 거예요	바쁩니다	바빴습니다	바쁠 겁니다
쓰다	써요	썼어요	쓸 거예요	씁니다	썼습니다	쓸 겁니다
그렇다	그래요	그랬어요	그럴 거예요	그렇습니다	그랬습니다	그럴 겁니다
좋다	좋아요	좋았어요	좋을 거예요	좋습니다	좋았습니다	좋을 겁니다

D/	STYLE POLI INFORMEL au			STYLE POLI FORMEL au		
	présent	passé	futur	présent	passé	futur
이다	C-이에요 V-예요	C-이었어요 V-였어요	-일 거예요	C-입니다 V-ㅂ니다	C-이었습니다 V-였습니다	-일 겁니다
하다	해요	했어요	할 거예요	합니다	했습니다	할 겁니다

Exercice 4

a) 한테
b) 한테서
c) 한테서
d) 한테
e) 는, 에, 에서, 이
f) 마다(ou 에), 에서
g) 에 ou 에서
h) 부터
i) 동안
j) 에, 에

Exercice 5

a) 못
b) 안
c) 안
d) 못

Exercice 6

a) 고
b) 고
c) 하고/랑/와

Exercice 7

a) 성함을 말씀해 주십시오.
b) 날씨가 덥습니까?
c) 여기서 잠시만 기다리십시오.
d) 미애 씨는 지금 음악을 듣습니다.
e) 지금 시작합시다.
f) 여기 계실 겁니까?
g) 팩스를 보내십시오.
h) 미애 씨를 부르십시오.
i) 내일 회의에 오십니까?
j) 할머니께서 주무십니다.

Exercice 8

a) 종이 b) 한국말 c) 아이 d) 부인
e) 무척 f) 버스 g) 조용해요 h) 점심

Exercice 9

1) a) 이 옷 어때요?
b) 수요일 괜찮아요? / 돼요?
c) 저는 핸드폰이 필요해요.

2) a) 어제 바빠서 못 왔어요.
b) 열쇠를 잃어버려서 집에 못 들어가요.

Exercice 10

en s'adressant...	"Le président vient."	"Il pleut."
... à un collègue	사장님께서 오세요.	비가 와요.
... à son chef	사장님께서 오십니다.	비가 옵니다.

en s'adressant...	"Le président est là-bas."	"Le téléphone est là-bas."
... à un collègue	사장님께서 저기 계세요.	전화가 저기 있어요.
... à son chef	사장님께서 저기 계십니다.	전화가 저기 있습니다.

en s'adressant...	"Mon père a téléphoné."	"Mon petit frère a téléphoné."
... à un collègue	아버지께서 전화하셨어요.	동생이 전화했어요.
... à son chef	아버지께서 전화하셨습니다.	동생이 전화했습니다.

en s'adressant...	"Mon père téléphonera."	"Mon petit frère téléphonera."
... à un collègue	아버지께서 전화하실 거예요.	동생이 전화할 거예요.
... à son chef	아버지께서 전화하실 겁니다.	동생이 전화할 겁니다.

ㄱ ㄴ ㄷ ㄹ ㅁ ㅂ ㅅ ㅇ ㅈ ㅊ ㅋ ㅌ ㅍ ㅎ

-가	part. de sujet
가게	magasin
가끔	de temps en temps
가다	aller
가방	sac
가볍다	être léger
가이드	guide
가장	le plus
가정주부	femme au foyer
갈비	côte de veau ou de bœuf
감독	réalisateur
감사하다	être reconnaissant
값	prix
같이	ensemble
개	chien
개	Cl. animal
거기	là-bas
걱정하다	s'inquiéter
건강	santé
건강하다	être robuste, être en bonne santé
건배하다	porter un toast
걷다	marcher
걸어서	à pied
걸음	les pas
것	chose
-게	suffixe adverbial
게임	jeux
겨울	hiver
결혼	mariage
결혼하다	se marier
-경	environ
계산서	addition
계시다	être (hon.)
계획	plan
-고	et
고객	client, clientèle
고기	viande, chair
고르다	choisir
고맙다	être reconnaissant
고양이	chat
골프	golf
공	zéro
공부	étude
공부하다	étudier
공원	parc
공책	cahier
공포	horreur, peur
공항	aéroport
과	leçon
-과	et, avec
과일	fruit
과장(님)	chef de section
괜찮다	convenir
교수	professeur à l'université
구	neuf (sc.)
구십	quatre-vingt dix (sc.)
구월	septembre
귀엽다	être mignon, joli
그	il
그	ce...là
그건	cela (그것+ -은)
그것	cela
그냥	simplement
그녀	elle
그분	cette personne (hon.)
그때	ce moment-là
그래도	malgré cela
그래서	c'est pourquoi
그러나	mais
그러니까	donc
그러면	dans ce cas, alors
그런데	et, mais, à propos
그럼	dans ce cas, alors
그렇다	être comme ça
그렇지만	mais
그리고	et, puis
그림	dessin, tableau
극장	théâtre, cinéma
근처	alentours
근처에	aux alentours
근처에서	aux alentours
글쎄	et bien...
금년	cette année
금요일	vendredi
기다리다	attendre
기쁘다	être content

기자	journaliste
기차	train
기타	guitare
기혼	marié
길다	être long
김밥	*kimbap*
김치	*kimchi*
김치찌개	ragoût de *kimchi*
–까지	jusqu'à
깨끗하다	être propre
–께	part. d'obj. indirect (hon.)
–께서	part. de suj. (hon.)
꽃병	vase
꾸미다	décorer

ㄱ **ㄴ** ㄷ ㄹ ㅁ ㅂ ㅅ ㅇ ㅈ ㅊ ㅋ ㅌ ㅍ ㅎ

-나	ou, ou autre chose
나라	pays, nation
나무	arbre
나오다	sortir
나이	âge
나중에	plus tard
나흘	quatre jours
날	jour
날마다	tous les jours
날씨	temps (météo)
내	je, mon/ma/mes
내년	l'année prochaine
내다	payer
내리다	descendre
내일	demain
냉면	nouilles froides
냉장고	frigo
너	toi, tu
너무	trop
너희	vous (pl. non-poli)
네	tu, ton/ta/tes
네	quatre (c.)
넷	quatre (c.)
년	an, année
노랗다	être jaune
노래	chanson
노래방	*noraebang*
노래하다	chanter
노트북	ordinateur portable
녹차	thé vert
농구	basket-ball
누가	qui (누구+ –가)
누구	qui
누나	grande sœur (d'un garçon)
눈	neige
–는	*particule de thème*
늘	toujours
늦게	en retard
늦다	être en retard
–님	*suffixe honorifique*

ㄱ ㄴ **ㄷ** ㄹ ㅁ ㅂ ㅅ ㅇ ㅈ ㅊ ㅋ ㅌ ㅍ ㅎ

다	tout, entièrement
다른	différent
다방	salon de thé, café
다섯	cinq (c.)
다시	de nouveau, encore
다음	suivant, prochain
다정하다	être affectueux
다행히	heureusement
단독주택	maison individuelle
닫다	fermer
달	lune
달	mois
달다	être doux, sucré
달리다	courir
달마다	chaque mois
닷새	cinq jours (c.)
당신	vous (chéri)
대	Cl. véhicule, machine
대사관	ambassade
대학교	université
대한민국	République de Corée
댁	maison (hon.)
더	plus, davantage
덜	moins
덤	bonus, supplément
덥다	faire chaud, avoir chaud
데리고 가다	emmener, accompagner qqn.
데리고 오다	amener, ramener qqn.

-도	aussi, même
도서관	bibliothèque
도착하다	arriver
독일	Allemagne
돈	argent, liquide
돌아가시다	mourir (hon.)
돌아오다	revenir
돕다	aider
동료	collègue
동생	petit frère, petite sœur
동안	pendant
되다	convenir, devenir
된장찌개	ragoût de pâte de soja
두	deux (c.)
둘	deux (c.)
뒤	derrière, arrière
뒤에	derrière
뒤에서	derrière
드라마	feuilleton à la télé
드리다	donner (hon.)
드시다	manger, boire (hon.)
듣다	écouter, entendre
-들	*marque de pluriel*
들다	tenir à la main
들르다	passer (quelque part)
들어오다	entrer
등산	randonnée
등산하다	faire de la randonnée
디자이너	designer
디지털 카메라	appareil photo numérique
딸기	fraise
때때로	de temps en temps
또	encore
똑똑하다	être intelligent
뚱뚱하다	être gros
-띠	signe du zodiaque (chinois)

ㄱ ㄴ ㄷ **ㄹ** ㅁ ㅂ ㅅ ㅇ ㅈ ㅊ ㅋ ㅌ ㅍ ㅎ

라디오	radio
란제리	lingerie
-랑	et, avec
랑데부	rendez-vous (secret)
런던	Londres
레몬	citron
레몬차	thé au citron
-로	vers
-로	en
-를	*part. d'objet*
리모콘	télécommande

ㄱ ㄴ ㄷ ㄹ **ㅁ** ㅂ ㅅ ㅇ ㅈ ㅊ ㅋ ㅌ ㅍ ㅎ

-마다	chaque
마리	Cl. animal
마우스	souris (informatique)
마우스패드	tapis de souris
마을	village, quartier
마이크	micro
마시다	boire
마흔	quarante (c.)
막걸리	*makgeoli*
-만	seulement
만	dix mille (sc.)
만나다	rencontrer
만큼	aussi ... que, autant ... que
많다	être nombreux, abondant
많이	beaucoup
말	parole, langue
말고	pas
말다	ne pas (faire qqc.)
말씀	parole, langue (hon.)
맛	goût
맛있게	délicieusement
맛있다	être délicieux
맞다	être correct
맞은편	face
맞은편에	en face de
맞은편에서	en face de
매-	chaque
매년	chaque année
매월	chaque mois
매일	chaque jour
매주	chaque semaine
매표소	guichet
맥주	bière
맵다	être épicé
머무르다	rester, demeurer

먹다	manger
먼저	d'abord
멀다	être loin
멋	élégance, beauté
멋있다	être chic
메일	(e-)mail
멜로물	mélodrame
며칠	quel jour
명	Cl. humain
몇	combien, quel
모니터	écran (informatique)
모뎀	modem
모르다	ne pas savoir, ignorer
모이다	se réunir, se rassembler
목요일	jeudi
못	*marque de négation*
무슨	quel
무엇	quoi
무척	très, extrêmement
문자	SMS
문제	problème, question
묻다	interroger, demander
물	eau
물냉면	nouilles froides au jus
물어보다	demander
뭐	quoi (=무엇)
뭘	quoi (무엇 + -을)
미국	Etats-Unis
미국 사람	américain(e)
미안하다	être désolé
미혼	célibataire
밀크커피	café au lait

ㄱ ㄴ ㄷ ㄹ ㅁ **ㅂ** ㅅ ㅇ ㅈ ㅊ ㅋ ㅌ ㅍ ㅎ

바꿔주다	passer qqn. (au téléphone)
바닷가	bord de mer
바쁘다	être occupé, pressé
박사	docteur
밖	dehors, extérieur
밖에	dehors, à l'extérieur
밖에서	dehors, à l'extérieur
반	demi, moitié
반갑다	être ravi
받다	recevoir
밤	nuit
밥	riz (cuit)
방	chambre
배	bateau
배	poire
배구	volley-ball
배드민턴	badminton
배우	acteur, actrice
배우다	apprendre
백	cent (sc.)
백만	million (sc.)
백화점	grand magasin
버스	bus
번	fois
번역가	traducteur, traductrice
번호	numéro
벌써	déjà
벨기에	Belgique
별로	(pas) particulièrement
보내다	envoyer qqn. ou qqch.
보다	voir, regarder
-보다	que (dans une comparative)
보통	d'ordinaire, d'habitude
복	chance, bonheur
복사기	photocopieuse
볼펜	stylo à bille
봉투	enveloppe
뵙다	voir (hon.)
부르다	appeler
부모님	les parents
부산	Busan
부자	qqn. de riche
부장(님)	chef de service
-부터	à partir de
분	minute
분	Cl. humain (hon.)
불	feu, lumière
불고기	*bulgogi*
붙잡다	attraper
비	pluie
비디오	vidéo
비빔냉면	*bibimnaengmyeon*
비빔밥	*bibimbap*
비행기	avion

빌리다	emprunter
빌려주다	prêter
빠르다	être rapide
빨갛다	être rouge
빨리	vite
빵	pain
빼고(는)	à part, hormi
뽑다	choisir

ㄱ ㄴ ㄷ ㄹ ㅁ ㅂ **ㅅ** ㅇ ㅈ ㅊ ㅋ ㅌ ㅍ ㅎ

사	quatre (sc.)
사과	pomme
사다	acheter
사람	être humain
사무실	bureau
사실	vérité, en réalité
사십	quarante (sc.)
사월	avril
사장(님)	president (d'une societe)
사흘	trois jours
산	montagne
산보하다	se promener
산책하다	se promener
살	âge
살다	vivre, habiter
삼	trois (sc.)
삼계탕	*samgyetang*
삼십	trente (sc.)
삼월	mars
새	nouveau
새벽	matin très tôt
샌드위치	sandwich
샐러드	salade
생기다	apparaître
생선	poisson
생신	anniversaire (hon.)
생일	anniversaire
서다	s'arrêter
서래 마을	Seorae Maeul
서류	document
서른	trente (c.)
서울	Séoul
선물	cadeau
선생님	professeur, enseignant
설탕	sucre
성함	nom (hon.)
세	trois (c.)
세일	les soldes
셋	trois (c.)
소개하다	présenter
소년	petit garçon
소주	*soju*
소중하게	précieusement
소중하다	être précieux
소파	fauteuil
손님	client, invité
쇼핑	shopping
쇼핑하다	faire du shopping
수영	natation
수영장	piscine
수요일	mercredi
수첩	agenda, petit carnet
숙제	devoir
숙제하다	faire ses devoirs
순두부찌개	*ragoût de tofu soyeux*
술	alcool
쉬다	se reposer
쉰	cinquante (c.)
쉽다	être facile
스물	vingt (c.)
스위스	Suisse
스카치테이프	ruban adhésif
스캐너	un scanner
스케이트	patin (à glace)
스키	ski
스턴트	doublure, cascadeur
스튜어디스	hôtesse de l'air
스페인	Espagne
슬프다	être triste
시	heure
-시-	*infixe honorifique*
시간	temps
시나리오	scénario
시월	octobre
시작하다	commencer
시청	mairie
시험	examen
식당	restaurant

식사하다	prendre le repas
신문	journal (papier)
신속	promptitude
신속하다	être prompt
싫다	ne pas être aimé
싫어하다	ne pas aimer
십	dix (sc.)
십만	cent mille (sc.)
십이월	décembre
십일월	novembre
싱글	célibataire
싶다	vouloir, avoir envie de
싶어하다	vouloir, avoir envie de
쓰다	écrire
쓰다	être amer
씨	terme honorifique

ㄱ ㄴ ㄷ ㄹ ㅁ ㅂ ㅅ **ㅇ** ㅈ ㅊ ㅋ ㅌ ㅍ ㅎ

아	ah
아가씨	jeune fille (non mariée)
아기	bébé
아니다	ne pas être
아니요	non
아래에	sous
아래에서	sous
아름답다	être beau
아마	peut-être
아무	aucun
아버님	père (hon.)
아버지	père
아베크족	deux amoureux
-아서	comme, car
아이	enfant
아이스크림	glace
아저씨	monsieur, oncle
아주	très
아주머니	madame, tante
아직	pas encore
아침	matin
아틀리에	atelier
아파트	appartement
아프다	être malade
아하	aha !
아홉	neuf (c.)
아흐레	neuf jours
아흔	quatre-vingt dix (c.)
안	*marque de négation*
안녕	paix
안녕하다	aller bien
안녕히	en paix
앉다	s'asseoir
알다	savoir, connaître
앙상블	ensemble (vestimentaire)
앞	devant
앞에	devant
앞에서	devant
야구	base-ball
약속	rendez-vous, promesse
어느	un certain
어디에	où
어디에서	où
어떤	quel (type de)
어떻게	comment
어떻다	être comment
어렵다	être difficile
어머니	mère
어머님	mère (hon.)
어서	vite, rapidement
-어서	comme, car
어제	hier
어젯밤	hier soir
억	cent millions (sc.)
언니	grande sœur (d'une fille)
언제	quand
언제나	toujours
얼굴	visage
얼마	combien (prix, mesure)
얼음	glace, glaçon
없다	ne pas exister, ne pas avoir
-에	dans, à
-에게	à
-에서	dans, de
엔지니어	ingénieur
여기	ici
여덟	huit (c.)
여드레	huit jours
여든	quatre-vingt (c.)
여름	été

여섯	six (c.)
여자	femme
여쭙다	demander (hon.)
여학생	étudiante
연세	âge (hon.)
연필	crayon de bois
열	dix (c.)
열쇠	clé
열흘	dix jours
엿새	six jours
영국	Grande Bretagne
영리하다	être intelligent
영화	cinéma, film
영화배우	acteur, actrice
영화평론가	critique de cinéma
영화표	ticket de cinéma
옆에	à côté de
옆에서	à côté de
예	oui
예민하다	être sensible
예쁘다	être joli
예순	soixante (c.)
옛날	il y a longtemps
오	cinq (sc.)
오늘	aujourd'hui
오다	venir
오래	longtemps
오렌지	orange
오렌지주스	jus d'orange
오른쪽	côté droit
오른쪽에	à droite
오른쪽에서	à droite
오빠	grand frère (d'une fille)
오십	cinquante (sc.)
오월	mai
오월달	mois de mai
오후	après-midi
온종일	toute la journée
올라오다	monter
올해	cette année
옳다	avoir raison
-와	et, avec
왜	pourquoi
왜냐하면	parce que
왼쪽	côté gauche
왼쪽에	à gauche
왼쪽에서	à gauche
요가	yoga
요리	cuisine
요리사	cuisinier, cuisinière
요리하다	cuisiner
요일	jour de la semaine
요즘	ces jours-ci
용돈	argent de poche
우리	nous, notre/nos
운동	sport
운동하다	faire du sport
원	Won *(unité monétaire coréenne)*
월	mois
월요일	lundi
위	dessus
위에	sur
위에서	sur
유로	Euro
유월	juin
유자차	thé au citron coréen
육	six (sc.)
육십	soixante (sc.)
육회	viande crue
-으로	vers
-으시-	*infixe honorifique*
-은	*part. de thème*
은행원	employé de banque
음	*interjection* (réflexion)
음식	nourriture, plat
음악	musique
-의	*part. de possession*
의사	médecin
의자	chaise
이	deux (sc.)
이	ce ... ci
-이	*part. de sujet*
이건	ceci (이것 + -은)
이것	ceci
이게	ceci (이것 + -이)
-이다	être
이따가	tout à l'heure (futur)
-이랑	et, avec
이렇게	comme ceci
이렇다	être comme ceci

이레	sept jours
이름	prénom, nom complet
이리	par ici
이리로	par ici
이메일	e-mail
이분	cette personne (hon.)
이사	membre d'un conseil d'administration
이십	vingt (sc.)
이야기	histoire
이월	février
이쪽	ce coté-ci
이태리	Italie
이틀	deux jours
인도	Inde
인삼차	thé au ginseng
인천	Incheon
인터넷	Internet
인터뷰	interview
일	un (sc.)
일	jour
일	travail
일곱	sept (c.)
일본	Japon
일어나다	se lever
일요일	dimanche
일월	janvier
일찍	tôt, en avance
일하다	travailler
일흔	soixante-dix (c.)
읽다	lire
잃어버리다	perdre
입다	s'habiller
있다	exister, avoir
잊다	oublier

ㄱ ㄴ ㄷ ㄹ ㅁ ㅂ ㅅ ㅇ **ㅈ** ㅊ ㅋ ㅌ ㅍ ㅎ

자	règle
자다	dormir
자동차	voiture
자루	Cl. objet cylindrique
자식	type (personne désignée de façon péjorative)
자전거	vélo
자주	souvent
작년	l'année dernière
작다	être petit
잔	verre, tasse
잘	bien
잠깐	un court instant
잠시	un court instant
잠자다	dormir
잡수시다	manger (hon.)
장미꽃	rose (la fleur)
재미있다	être amusant, divertissant
저	moi, je
저	ce ...-là bas
저건	ce qui est là bas (저것 + -은)
저것	ce qui est là bas
저게	ce qui est là bas (저것 + -이)
저기	là-bas
저분	cette personne-là (hon.)
저녁	soir, soirée
저녁 식사	dîner
저쪽에	par là-bas
저희	nous, notre/nos (humble)
전	moi (저 + -는)
전	avant
전에	avant
전화	téléphone
전화 걸다	téléphoner
전화번호	numéro de téléphone
전화하다	téléphoner
점심	repas de midi
점원	vendeur, vendeuse
정각	exactement, pile
정도	environ
정돈	rangement
정돈하다	ranger
정리하다	ranger
정말	vraiment
정오	midi
제	je, mon/ma/mes (humble)
제가	je (sujet) (제 + -가)
제과점	boulangerie
제일	le plus
조그맣다	être petit
조금	un peu
조깅	jogging
조용하다	être calme

졸다	sommeiller
좀	un peu
좁다	être étroit
종로	Jongno
종업원	employé(e)
종이	feuille de papier
좋다	être bon, aimé
좋아하다	aimer
주	semaine
주다	donner
주마다	chaque semaine
주말	week-end
주무시다	dormir (hon.)
주스	jus (de fruit)
주일	semaine
주중	en semaine
죽다	mourir
준비	préparation
준비하다	préparer
중국	Chine
지금	maintenant
지난	passé, dernier
지내다	passer (du temps)
지사	succursale
지우개	gomme
지하철	métro
진지	repas (hon.)
질문	question
짐가방	valise
집	maison
쪽	côté
-쯤	environ

ㄱ ㄴ ㄷ ㄹ ㅁ ㅂ ㅅ ㅇ ㅈ **ㅊ** ㅋ ㅌ ㅍ ㅎ

차	thé
차	voiture
착하다	être gentil, bon
찾다	chercher
책	livre
책상	bureau, table
천	mille (sc.)
천만	dix millions (sc.)
체리	cerise
초	bougie
초	seconde
초대받다	être invité
초대장	carte d'invitation
초대하다	inviter
총각	jeune homme (non marié)
축구	football
축하	félicitation
축하하다	féliciter
출장	voyage d'affaires
출장가다	partir en voyage d'affaires
춤	danse
춤추다	danser
취재	enquête
층	étage
치다	frapper
친구	ami(e)
친절하다	être gentil
칠	sept (sc.)
칠십	soixante-dix (sc.)
칠월	juillet
칠월달	mois de juillet
침대	lit

ㄱ ㄴ ㄷ ㄹ ㅁ ㅂ ㅅ ㅇ ㅈ ㅊ **ㅋ** ㅌ ㅍ ㅎ

카메라	appareil photo
카페	café (établissement)
캐나다	Canada
캐스팅	casting
캠코더	caméscope
커서	curseur
커피	café (boisson)
커피숍	café (établissement)
컴퓨터	ordinateur
케이크	gâteau
코미디	comédie
코코아	chocolat chaud
콜라	Coca
크다	être grand
크림	crème (liquide)
키보드	clavier d'ordinateur

ㄱ ㄴ ㄷ ㄹ ㅁ ㅂ ㅅ ㅇ ㅈ ㅊ ㅋ ㅌ ㅍ ㅎ

타다 monter dans un véhicule
탁구 ping-pong
탁자 table
택시 taxi
테니스 tennis
텔레비전 télévision
토요일 samedi

ㄱ ㄴ ㄷ ㄹ ㅁ ㅂ ㅅ ㅇ ㅈ ㅊ ㅋ ㅌ ㅍ ㅎ

파랗다 être bleu
파리 Paris
파인애플 ananas
파인애플주스 jus d'ananas
파일 fichier, document
파티 fête
파티하다 faire la fête
팔 huit (sc.)
팔십 quatre-vingts (sc.)
팔월 août
팩스 fax
편리하다 être commode
편지 lettre
편찮으시다 être malade (hon.)
포도 raisin
포도주 vin
포도주스 jus de raisin
표 ticket
풀밭 pelouse
프랑스 France
프로그램 programme
프린터 imprimante
피곤하다 être fatigué
필름 pellicule
필요하다 être nécessaire

ㄱ ㄴ ㄷ ㄹ ㅁ ㅂ ㅅ ㅇ ㅈ ㅊ ㅋ ㅌ ㅍ ㅎ

-하고 et, avec
하나 un (c.)
하다 faire
하루 un (1) jour, une (1) journée
하얗다 être blanc
하지만 mais
학교 école
학생 étudiant(e)
한 un (c.)
한 environ, approximativement
한국 Corée (du sud)
한국사람 un(e) coréen(ne)
한국말 le coréen
한국어 le coréen
-한테 à
-한테서 de
할아버지 grand-père
할머니 grand-mère
함께 ensemble
합격하다 réussir à un examen
핫쵸코 chocolat chaud
항상 toujours
해 année
해마다 chaque année
핸드폰 téléphone portable
행복 bonheur
행복하다 être heureux
형 grand frère
-형 groupe sanguin
호 numéro
-호선 ligne de métro
혹시 par hasard
혼자 seul
홍차 thé rouge
화백 peintre
화요일 mardi
화장실 toilettes
회덮밥 *hoideopbap*
회사 entreprise
회사원 employé dans une entreprise
회의 réunion
회의장 salle de réunion
후에 après, dans
휴가 vacances
휴대전화 téléphone portable
휴지통 poubelle
흐르다 couler

LEXIQUE français-coréen

A

à	-에, -에게, -한테, 에서
à côté	옆에, 옆에서
à droite	오른쪽에, 오른쪽에서
à gauche	왼쪽에, 왼쪽에서
à part	빼고(는)
à partir de	-부터
à pied	걸어서
acheter	사다
acteur	배우, 영화배우
addition	계산서
adresse	주소
aéroport	공항
âge	나이, 연세 (hon.), 살
agenda	수첩
aider	돕다
aimer	좋아하다
alcool	술
alentours	근처
Allemagne	독일
aller	가다
aller bien	안녕하다
alors	그러면, 그럼
amener	데리고 오다
américain(e)	미국 사람
ami(e)	친구
an	년, 해
ananas	파인애플
année	년, 해
anniversaire	생일, 생신 (hon.)
août	팔월
apparaître	생기다
appareil photo	카메라
appartement	아파트
appeler	부르다
apprendre	배우다
après	후에
après-midi	오후
argent	돈
argent de poche	용돈
arriver	도착하다
atelier	아틀리에
attendre	기다리다
aucun	아무
aujourd'hui	오늘
aussi	-도
aussi ... que, autant ... que	만큼
aux alentours	근처에
avant	전, 전에
avec	-(이)랑, -하고, 와/과
avion	비행기
avoir	있다
avoir chaud	덥다
avril	사월

B

badminton	배드민턴
base-ball	야구
basket-ball	농구
bateau	배
beaucoup	많이
bébé	아기
Belgique	벨기에
bibliothèque	도서관
bien	잘
bière	맥주
boire	마시다, 드시다 (hon.)
bonheur	행복, 복
bord de mer	바닷가
bougie	초
boulangerie	제과점
bureau (endroit)	사무실
bureau (meuble)	책상
bus	버스

C

cadeau	선물
café (boisson)	커피
café (établissement)	카페, 커피숍, 다방
café au lait	밀크커피
cahier	공책
caméscope	캠코더
Canada	캐나다
carte d'invitation	초대장
casting	캐스팅
ce ... ci	이/그/저
ceci	이건/그건/저건 (th.)
ceci	이걸/그걸/저걸 (obj.)
ceci	이게/그게/저게 (suj.)
célibataire	미혼, 싱글
cent	백 (sc.)
cent mille	십만 (sc.)
cent millions	억 (sc.)
cerise	체리
ces jours -ci	요즘
c'est pourquoi	그래서
cette année	금년, 올해
cette personne	이분/그분/저분(hon.)
chair	고기
chaise	의자
chambre	방
chance	복
chanson	노래
chanter	노래하다
chaque	-마다, 매-
chaque année	매년, 해마다
chaque jour	매일, 날마다
chaque mois	매월, 달마다
chaque semaine	매주, 주마다
chat	고양이
chaussure	신발, 구두
chef de section	과장(님)
chef de service	부장(님)
chercher	찾다
Chine	중국
chocolat chaud	코코아, 핫쵸코
choisir	고르다, 뽑다
chose	것
cinéma (œuvre)	영화
cinéma (établissement)	영화관, 극장
cinq	다섯 (c.), 오 (sc.)
cinq jours	닷새 (c.)
cinquante	쉰 (c.), 오십 (sc.)
citron	레몬
clavier d'ordinateur	키보드
clé	열쇠
client	손님
Coca	콜라
combien (prix, mesure)	얼마
combien, quel	몇
comédie	코미디
comme ça	이렇게/그렇게/저렇게
commencer	시작하다
comment	어떻게
connaître	알다
convenir	되다, 괜찮다
Corée (du sud)	한국, 대한민국
coréen(ne)	한국사람
côté	쪽
côté droit	오른쪽
côté gauche	왼쪽
couler	흐르다
courir	달리다, 뛰다
(un) court instant	잠깐, 잠시
crayon de bois	연필
crème	크림
critique de cinéma	영화평론가
cuisine	요리
cuisiner	요리하다
cuisinier, cuisinière	요리사
curseur	커서

D

d'abord	먼저
dans	-에, -에서
dans ce cas	그러면, 그럼
danse	춤
danser	춤추다
date	날짜
davantage	더
de	-한테서, -에게서, -에서
de temps en temps	가끔, 때때로
début	시작
décembre	십이월

décorer	꾸미다
dehors	밖에, 밖에서
déjà	벌써
déjeuner	점심
délicieusement	맛있게
demain	내일
demander	묻다, 물어보다, 여쭙다 (hon.)
demeurer	남다, 머무르다
demi	반
derrière	뒤에, 뒤에서
descendre	내리다
designer	디자이너
dessus	위
deux	둘 (c.), 두 (c.), 이 (sc.)
deux amoureux	아베크족
deux jours	이틀
devant	앞에, 앞에서
devenir	되다
devoir	숙제
différent	다른
dimanche	일요일
dîner	저녁 식사
dix	열 (c.), 십 (sc.)
dix jours	열흘
dix mille	만 (sc.)
dix millions	천만 (sc.)
docteur	박사
document	서류, 파일
donc	그러니까
donner	주다, 드리다 (hon.)
d'ordinaire	보통
dormir	자다, 잠자다, 주무시다 (hon.)
doublure	스턴트

E

eau	물
échanger	바꾸다
école	학교
écouter	듣다
écran (informatique)	모니터
écrire	쓰다
élégance	멋
elle	그녀
e-mail	메일, 이메일
emmener qqn.	데리고 가다
employé(e)	종업원
employé(e) dans une entreprise	회사원
employé(e) de banque	은행원
emprunter	빌리다
en	-(으)로
en face de	맞은편에, 맞은편에서
en paix	안녕히
en retard	늦게
en semaine	주중
encore	또, 다시
enfant	아이
enquête	취재
ensemble	같이, 함께
entendre	듣다
entièrement	다
entreprise	회사
entrer	들어가다, 들어오다
enveloppe	봉투
environ	-경, 정도, -쯤, 한
envoyer qqn. ou qqch.	보내다
Espagne	스페인
Et	그리고, 그런데
et	-(이)랑, -하고, 와/과
et	-고
et bien...	글쎄
étage	층
Etats-Unis	미국
été	여름
étoile	별
être	-이다
être affectueux	다정하다
être amer	쓰다
être amusant	재미있다
être beau	아름답다
être blanc	하얗다
être bleu	파랗다
être bon	좋다
être calme	조용하다
être chic	멋있다
être comme ça	이렇다/그렇다/저렇다
être comment	어떻다
être commode	편리하다
être compliqué	복잡하다
être content	기쁘다

être correct	맞다
être délicieux	맛있다
être désolé	미안하다
être difficile	어렵다
être doux, sucré	달다
être en retard	늦다, 지각하다
être épicé	맵다
être étroit	좁다
être facile	쉽다
être fatigué	피곤하다
être gentil	친절하다
être gentil, bon	착하다
être grand	크다
être gros	뚱뚱하다
être heureux	행복하다, 기쁘다
être intelligent	똑똑하다, 영리하다
être invité	초대받다
être jaune	노랗다
être joli	예쁘다
être léger	가볍다
être lent	느리다
être loin	멀다
être long	길다
être malade	아프다, 편찮으시다 (hon.)
être mauvais	나쁘다
être mignon, joli	귀엽다
être nécessaire	필요하다
être nombreux, abondant	많다
être occupé, pressé	바쁘다
être petit	작다, 조그맣다
être précieux	소중하다
être proche	가깝다
être prompt	신속하다
être propre	깨끗하다
être rapide	빠르다
être ravi	반갑다
être reconnaissant	감사하다, 고맙다
être robuste	튼튼하다, 건강하다
être rouge	빨갛다
être salé	짜다
être sensible	예민하다
être triste	슬프다
être humain	사람
étude	공부
étudiant(e)	학생
étudiante	여학생
étudier	공부하다
Euro	유로
examen	시험
exister	있다, 계시다 (hon.)
explication	설명
extrêmement	무척

F

face	맞은편
faire	하다
faire chaud	덥다
faire de la randonnée	등산하다
faire du shopping	쇼핑하다
faire du sport	운동하다
faire la fête	파티하다
faire ses devoirs	숙제하다
fauteuil	소파
fax	팩스
félicitation	축하
féliciter	축하하다
femme	여자
femme au foyer	가정주부
fenêtre	창문
fermer	닫다
fête	파티
feu	불
feuille de papier	종이
feuilleton	드라마
février	이월
fichier	파일
film	영화
finalement	결국
fois	번
football	축구
fraise	딸기
France	프랑스
frapper	치다
fréquenter (un endroit)	다니다
frigo	냉장고
fruit	과일

G

gamin	꼬마
gâteau (d'anniversaire)	케이크
glace	아이스크림
glaçon	얼음
golf	골프
gomme	지우개
goût	맛
grand frère	오빠 (d'une fille), 형 (d'un garcon)
grand magasin	백화점
Grande Bretagne	영국
grande sœur	언니 (d'une fille), 누나 (d'un garcon)
grand-mère	할머니
grand-père	할아버지
groupe sanguin	-형
guichet	매표소
guide	가이드
guitare	기타

H

habiter	살다
heure	시, 시간
heureusement	다행히
hier	어제
histoire	이야기
hiver	겨울
hormis	빼고(는)
horreur	공포
hôtesse de l'air	스튜어디스
huit	여덟 (c.), 팔 (sc.)
huit jours	여드레

I

ici	여기
ignorer	모르다
il	그
imprimante	프린터
Inde	인도
ingénieur	엔지니어
Internet	인터넷
interview	인터뷰
invité	손님
inviter	초대하다
Italie	이태리

J

janvier	일월
Japon	일본
je	나, 저(humble)
jeudi	목요일
jeune fille (non mariée)	아가씨
jeune homme (non marié)	총각
jeux	게임
jogging	조깅
jour	날, 일
jour de la semaine	-요일
journal (papier)	신문
journaliste	기자
juillet	칠월, 칠월달
juin	유월
jus (de fruit)	주스
jus d'ananas	파인애플주스
jus de raisin	포도주스
jus d'orange	오렌지주스
jusqu'à	-까지

K

karaoké (coréen)	노래방

L

là-bas	거기/저기
l'année dernière	작년, 지난해
l'année prochaine	내년, 다음해
le coréen	한국말, 한국어
le plus	가장, 제일
leçon	과
lettre	편지
ligne de métro	호선
lingerie	란제리
lire	읽다
lit	침대
livre	책
loin	멀리
Londres	런던
longtemps	오래

lumière	불
lundi	월요일
lunettes	안경

M

madame, tante	아주머니
magasin	가게
mai	오월, 오월달
maintenant	지금
mais	그러나, 하지만, 그렇지만
maison	집, 댁 (hon.)
maison individuelle	단독주택
malgré cela	그래도
manger	먹다, 잡수시다 (hon.), 드시다 (hon.)
marcher	걷다
mardi	화요일
mariage	결혼
marié(e)	기혼
mars	삼월
matin	아침
matin très tôt	새벽
médecin	의사
mélodrame	멜로물
membre d'un conseil d'administration	이사
même	-도
mer	바다
mercredi	수요일
mère	어머니, 어머님 (hon.)
métro	지하철
micro	마이크
midi	정오
mille	천 (sc.)
million	백만 (sc.)
minute	분
modem	모뎀
moi	나, 저 (humble)
moins	덜
mois	달, 월
moitié	반
mon/ma/mes	내, 제 (humble)
monsieur, oncle	아저씨
montagne	산
monter	올라오다
monter dans un véhicule	타다
montre	시계
mourir	죽다, 돌아가시다 (hon.)
musique	음악

N

natation	수영
ne pas (faire qqc.)	말다
ne pas être	아니다
ne pas exister, ne pas avoir	없다
ne pas savoir	모르다
neige	눈
neuf	아홉 (c.), 구 (sc.)
neuf jours	아흐레
noir	까만색
nom	이름, 성함 (hon.)
non	아니요
notre/nos	우리, 저희 (humble)
nourriture, plat	음식
nous	우리, 저희 (humble)
nouveau	새
novembre	십일월
nuit	밤
numéro	번호, 호
numéro de téléphone	전화번호

O

octobre	시월
orange	오렌지
ordinateur	컴퓨터
ordinateur portable	노트북
où	어디에, 어디에서
ou, ou autre chose	-나
oublier	잊다
oui	네, 예

P

pain	빵
paix	안녕
par hasard	혹시
par ici	이리, 이리로
par là-bas	저쪽에

parc	공원
parce que	왜냐하면
parents	부모님
Paris	파리
parole	말, 말씀 (hon.)
partir en voyage d'affaires	출장가다
pas	말고
pas encore	아직
pas particulièrement	별로
passé, dernier	지난
passer (du temps)	보내다, 지내다
passer (quelque part)	들르다
passer qqn. au téléphone	바꿔주다
patin à glace	스케이트
payer	내다
pays, nation	나라
peintre	화백, 화가
pellicule	필름
pelouse	풀밭
pendant	동안
perdre	잃어버리다
père	아버지, 아버님 (hon.)
petit frère, petite sœur	동생
petit garçon	소년
peut-être	아마
photocopieuse	복사기
pile (exactement)	정각
ping-pong	탁구
piscine	수영장
plan	계획
pluie	비
plus	더
plus tard	나중에
poire	배
poisson	생선
pomme	사과
porter un toast	건배하다
poster	부치다
poubelle	휴지통
pourquoi	왜
précieusement	소중하게
prendre (un certain temps)	걸리다
prendre le repas	식사하다
prénom (ou nom)	이름
préparation	준비
préparer	준비하다
présenter	소개하다
président (d'une société)	사장(님), 대표
prêter	빌려주다
prix	값
problème	문제
prochain	다음
professeur à l'université	교수
professeur, enseignant	선생님
programme	프로그램
promenade	산책
promptitude	신속
puis	그리고
puisque	-아서/어서

Q

quand	언제
quarante	마흔 (c.), 사십 (sc.)
quatre	네 (c.), 넷 (c.), 사 (sc.)
quatre jours	나흘
quatre-vingt dix	아흔 (c.), 구십 (sc.)
quatre-vingts	여든 (c.), 팔십 (sc.)
que (comparatif)	-보다
quel	무슨
quel (type de)	어떤
question	질문, 문제
qui	누구
quoi	무엇, 뭐

R

radio	라디오
raisin	포도
raison	이유
ramener qqn.	데리고 오다
randonnée	등산
rangement	정돈
ranger	정돈하다, 정리하다
réalisateur	감독
recevoir	받다
règle	자
rencontrer	만나다
rendez-vous	약속
rentrer	돌아가다

repas	식사, 진지 (hon.)
République de Corée	대한민국
restaurant	식당
rester	남다, 머무르다
réunion	회의
réussir (à un examen)	합격하다
revenir	돌아오다
riz (cuit)	밥
rose (la fleur)	장미꽃
ruban adhésif	스카치테이프

S

salade	샐러드
salle de réunion	회의장
salon de thé	다방, 찻집
samedi	토요일
s'amuser	놀다
sandwich	샌드위치
santé	건강
s'arrêter	서다
s'asseoir	앉다
savoir	알다
scanner	스캐너
scénario	시나리오
seconde	초
se lever	일어나다
se marier	결혼하다
se promener	산보하다, 산책하다
se reposer	쉬다
se réunir, se rassembler	모이다
se terminer	끝나다
s'habiller	입다
s'inquiéter	걱정하다
seconde	초
semaine	주, 주일
Séoul	서울
sept	일곱 (c.), 칠 (sc.)
sept jours	이레
septembre	구월
seul	혼자
shopping	쇼핑
signe du zodiaque (chinois)	-띠
simplement	그냥
six	여섯 (c.), 육 (sc.)
six jours	엿새
ski	스키
SMS	문자
soir	저녁
soixante	예순 (c.), 육십 (sc.)
soixante-dix	일흔(c.), 칠십 (sc.)
soju	소주
solde	세일
sommeiller	졸다
sortir	나오다
souris (informatique)	마우스
sous	아래에, 아래에서
souvent	자주
sport	운동
stylo à bille	볼펜
succursale	지사
sucre	설탕
Suisse	스위스
suivant	다음
sur	위에, 위에서

T

table	탁자
tapis de souris	마우스패드
tasse	잔
taxi	택시
télécommande	리모콘
téléphone	전화
téléphone portable	핸드폰, 휴대전화
téléphoner	전화 걸다, 전화하다
télévision	텔레비전
temps	시간
temps (météo)	날씨
tennis	테니스
thé	차
thé au citron	레몬차
thé au citron coréen	유자차
thé au ginseng	인삼차
thé rouge	홍차
thé vert	녹차
théâtre	극장
ticket	표
ticket de cinéma	영화표
toi	너

toilettes	화장실
ton/ta/tes	네
tôt	일찍
toujours	늘, 언제나, 항상
tous les jours	날마다
tout à l'heure (futur)	이따가
tout	다
traducteur, traductrice	번역가
trafic	교통
train	기차
travail	일
travailler	일하다
trente	서른 (c.), 삼십 (sc.)
très	아주, 매우
trois	세 (c.), 셋 (c.), 삼 (sc.)
trois jours	사흘
trop	너무
tu	너

U

un	하나 (c.), 한 (c.), 일 (sc.)
un certain	어느
un (1) jour, une (1) journée	하루
un peu	조금, 좀
université	대학교

V

vacances	휴가
valise	짐가방
vase	꽃병
vélo	자전거
vendeur, vendeuse	점원
vendredi	금요일
venir	오다
vérité, en réalité	사실
verre	잔
vers	-(으)로
vert	녹색
vêtement	옷
viande	고기
viande crue	육회
vidéo	비디오
village	마을
vin	포도주
vingt	스물(c.), 이십 (sc.)
visa	비자
visage	얼굴
vite	빨리, 어서
vivre	살다
voir	보다, 뵙다 (hon.)
voiture	자동차, 차
volley-ball	배구
votre, vos (pl. non-poli)	너희, 너희들
vouloir	싶다, 싶어하다
vous (chéri)	당신
vous (pl. non-poli)	너희, 너희들
voyage	여행
voyage d'affaires	출장
vraiment	정말

W

week-end	주말
Won	원

Y

yoga	요가

Z

zéro	공

Table des matières

Vous pouvez détacher cette page.

L'alphabet coréen 한글

Correspondance approximative à des sons français:

Voyelles

ㅏ	**a**	comme gâteau
ㅓ	**o**	comme **or**
ㅗ	**ô**	comme **eau**
ㅜ	**ou**	comme l**ou**p
ㅡ	**eu**	comme h**eu**reux
ㅣ	**i**	comme **I**sabelle
ㅐ	**è**	comme gr**è**ve
ㅔ	**é**	comme cl**é**

ㅑ	**ya**	comme **Ya**nnick
ㅕ	**yo**	comme **yo**le
ㅛ	**yô**	comme **yo**-yo
ㅠ	**you**	comme **you**pi
ㅒ	**yè**	comme h**yè**ne
ㅖ	**yé**	comme **yé**ti
ㅘ	**wa**	comme **oiseau**
ㅙ	**wè**	comme **ouais**
ㅚ	**wé**	comme b**ouée**
ㅝ	**wo**	comme **wo**lof
ㅞ	**wé**	comme b**ouée**
ㅟ	**wi**	comme **oui**
ㅢ	**eui**	comme s**euil**

Consonnes

ㄱ	**g**	comme **g**âteau
ㄴ	**n**	comme **n**avire
ㄷ	**d**	comme **D**aniel
ㄹ	**l**	comme **l**iberté
ㅁ	**m**	comme **m**aman
ㅂ	**b**	comme **b**ateau
ㅅ	**s**	comme **S**ophie
ㅇ	**ng**	comme di**ng** dong (ou bien muette)
ㅈ	**dj**	comme **j**eans
ㅊ	**tch**	comme **tch**èque
ㅋ	**k^h**	comme **ch**ronique
ㅌ	**t^h**	comme **t**rottoir
ㅍ	**p^h**	comme **p**roche
ㅎ	**h**	comme **h**ouse (anglais)

ㄲ	**k**	comme **c**amion
ㄸ	**t**	comme **t**ableau
ㅃ	**p**	comme **P**aris
ㅆ	**s**	comme **s**alut
ㅉ	**tz**	comme **tz**igane

Vous pouvez détacher cette page, la photocopier et vous entraîner à l'écriture (une syllabe par case).